JN440495

오늘의문학 시인선
407

서원생 시집

오늘의문학사

국립중앙도서관 출판시도서목록(CIP)

그리움이 발효되기까지 : 서원생 시집 / 지은이: 서원생. --
대전 : 오늘의문학사, 2018
p. ; cm. -- (오늘의문학 시인선 ; 407)

ISBN 978-89-5669-877-9 03810 : ₩9000

한국 현대시[韓國現代詩]

811.7-KDC6
895.715-DDC23 CIP2017034228

그리움이 발효되기까지

■ 서

지인들은 특이하게 내 시에는 직업적인 시적 냄새가 전혀 없다며 놀란다. 작품해설을 맡아준 분이 은근히 해설을 풀어갈 소재를 찾으려고 기대를 했는데 실망을 드린 것 같아 죄송했다. 오히려 고향을 동경하는 토속적인 서정이나 그리움에 관한 주제가 의외로 많다며 의아해 유년시절의 환경과 꿈이 나에게 많은 영향을 끼쳤던 것 같다.

나는 사랑을 해도 남들처럼 대담하게 해 본 경험이 적었다. 물론 그럴 시간도 없었고, 낯선 지역에 잦은 이사를 다니는 직업특성 때문에 한 곳에 정을 붙일 여유가 많지 않았기 때문이다.

자연스럽게 고향의 잡념(집착)에 묶어 놓는 계기를 마련해 주었고, 한 번도 성공하지 못한 대상을 짝사랑하는 그리움에 안착하게 만들었다.

정말 순진한 바보였다. 나이 60세가 된 지금도 그리움만 생각하면 가슴이 뛸 때가 있을 정도로 아이같이 순박하다. 그래서 詩作 하기가 조금은 부담스럽고 불편하다. 점차 그 부담을 줄여 가려고 노력은 하고 있지만 아직도 갈 길은 먼 것 같아 독자에겐 조금 부끄럽다.

하지만 이번 시집에서는 조금씩 그 부담을 지우려고 노력한 흔적이 곳곳에 숨어 있어서 참 다행이다.

항상 시집을 낼 때마다 대견해 하신 리헌석 회장님, 해설을 써주신 이종희 박사님, 그리고 시집을 제작하느라 수고하신 오늘의문학사 관계자 여러분께 감사드린다.

2018년 새해 벽두 일출을 보며

서 원 생

제1부

제2부

제3부

제4부

제1부

은 여울에 꿈이 쌓인다

버들강아지 긴 머리를 풀어 헤치며
나신으로 목욕하던 곳
때로는 시선이 모여졌다 뿌옇게 흐려지고
두런두런 우리 삶의 이야기를 풀어가며
자연으로 흘러갔다
잠깐 멈추던 곳
이리저리 추억의 조각들이 흩어지고 모아지는 굴곡
어느 지점에선
내 꿈 이야기도 만들어져 써 내려 가는 곳

숨결이 지나온 회상 속의 기억들이
하나씩하나씩 밝히며
물결은 출렁이고
또 어떤 때는 고르디온의 매듭처럼 꼬여
헝클어진 채로 풀리지 않아
몰려다니다가 부딪쳐 뒤섞인 혼돈으로 흐르다가
어느 순간 가슴 뭉클한 기억으로 되살아나는
저 저음의 동행하는 소리가 들리는가!

가도 가도 꼭짓점 없는 유년의 기억들
부드러운 삶의 곡선들이 굽이치는
내 마음의 고향

그리움이 넘실대는 꿈 자락마다
떨어뜨리는 율려의 몸짓

한없이 졸음이 쏟아지는 그곳에
잠깐 망상에 빠진 내 꿈을 쓸어가고 있네

반가운 길동무들이 동행하며
졸졸졸 수다를 떨며 흘러가고 있네

아카시아 꽃

연둣빛 그리움이 피던 날
그대는 향기와 빛깔로 저려왔네

외로움에 수줍음까지 타는 오후
바람에 실려 온 향기가 아슴아슴 가슴을 파고들다
하얗게 떨리는 살결같이
그대는 심한 실어증에서 회복하는 환자처럼
마치 백악기, 화석에서 잠자던 티라노사우루스가
아린 기억을 헤집고 나온 것처럼
반가웠네.

나는 지금도 수줍음의 속병 때문에
양 가슴 속에 그리움을 꼭꼭 묻어 숨기고
그대 만나는 시름으로
혼자 뜬 눈으로 밤까지 지새우며
속을 태웠네

그러나 부끄럽게 찔러대는 그리움의 가시 때문에
그대 향한 내 연민은 그만 들켜
수고한 기다림은 바람에 머릿결 같이 날리고

난 다시 향기 한 줌, 보듬고 홀로 앉아서
몸살을 앓고 있네

그대 앞에만 서면
무시로 들키고 마는 서툰 내 순정

그대 몸속의 향기를 다시 채취하네.

순간 잊었던 첫 사랑이 홀연히 다시 돌아온 듯
우린 풋풋한 연인으로 환생하여
서로 상처 난 벽을 토닥여 주네

그대와 나는 지금,
수채화 빛 풀린 봄 볕 앞에서
오랫동안 수줍어하며 숨겨온 사랑을
다시 견인 중이네.

그리움이 발효되기까지

메아리를 먹어치운 어릴 적 계곡이 그리운 계절에
가뭇없이 지워진 시간을 되짚어본다.

뻐꾸기는 숲에 숨어
내 가슴에 피멍을 안긴 채 사라지고

뜸북새 울음, 되짚어 보면
설핏설핏 부끄럼 타는
그것이 사랑을 토해 낸 고백인 줄 그 땐 몰랐다

뒷동산 나지막한 텃밭에
하얀 아그배가 둥글둥글 수줍게 맺힌 것이
이웃집 순옥이의 숨은 고백인 것을
그 땐 정말 전혀 몰랐다

목화 꽃 같은 그리움이 떼로 몰려와
눈에 밟히도록 시리우면
나는 풋설은 내면의 정제되지 못한 감각으로
다시 지워진 시간들을 재생한다.

겨드랑이 시리고 계절이 바뀌면
가끔씩 허허로운 마음
달도 차면 기울 듯이
내 영혼의 미련도 시간이 필요했던가!

낮달이 욕심을 비우고 나서야
내 마음에 보이는 것은
슬쩍 걸쳐놓은 외로움들이
하나둘씩 열매를 영그는 것과 같을 게다.

자화상 · 1

- 채송화

난 작은 사람이랍니다.
늘 위로는 하늘만 쳐다보는

난 근심이 많은 사람이랍니다.
누가 조금만 꾸중을 하면 눈물만 흘리는

난 힘도 권력도 없는 사람이랍니다.
무엇이든지 밟으면 늘 밟히는

난 내 얼굴을 한 번도 본 적이 없습니다.
해님이 하늘에서 따끈따끈하게 비추어주면
얼굴에 흉한 고통자국이 묻어나고
소낙비가 주룩주룩 쏟아지는 날이면
그제서야 비로소 한 번 목욕을 하는

난 누군가로부터 사랑을 받아야 살 수 있는
지극히 힘이 없는 작은 자랍니다.
그래서 늘 땅으로만 줄기를 뻗으면서
끊임없이 겸손해 지려고 하고
소박한 꽃을 피우면서
늘 그대에게 구애를 한답니다.

장미

토담을 넘어
능청스런 늑대처럼
내 옷깃을 열고 폐부로 전이해 오는
도도한 붉은 저 전류
강한 볼트에 온 몸이 감전이 되어
일상의 정열도 빼앗기고 말았네

오호라, 내 마음속에
실핏줄처럼
사랑을 지필 전선이 깔려 있었구나

어떤 예감

쑥스러운 노을이 서산에 반쯤 걸려
미련을 삭히고 있다
세상과 부대껴온 장미가 가시철망을 넘으며
신열을 불태우고 있고
저녁을 태운 우리 마을 태양열 지붕이
내 가슴에 단 단열재까지 전도된다.

외로움이 곰실거리는 고향집
어제 나온 새끼 송아지는 외양간에서
가문 젖을 물고 목마름에
지쳐 누워있고

그리움이 피어오른 뒤뜰 장독대에서는
이슬비가 봉선화 꽃잎에 닿기만 하면
누님 눈가에 방울방울 이슬이 맺힌다

무언가 몰고 올 것 같은 심란한 하늘에
미리 예행연습을 하듯
천둥과 번개가 마찰음을 내더니
산을 넘고 강을 건너
내 창문 앞에 분노를 쏟아낸다

어제 자정쯤에
달빛이 흔들어 쏟아놓은 노란 감꽃이
단잠을 깨운 새벽
담을 넘다 들킨 나팔꽃이
꼬아 올린 나신을 부끄럽게 감춘다

좁은 골목길 위에 매달려
어둠에 그을린 가로등은
깜박깜박 약을 달라고 호소하며
밖에서 나를 불러낸다.

누군가의 불길한 소식을 접할 것 같은
우울한 공휴일

마지막까지 불을 태우던 별 하나가
모성에서 떨어져 성호를 긋고 있다

해빙의 반응

봄은 산에 가려진 세 평 남짓한 우리 집 밭에서 온다

언 땅 밑으로 무색의 한숨이 올라오고
낮은 땅 틈을 숭숭 내며 밭둑이 무너지면서
따사한 햇살이 동상을 치료할 때

땅이 여기저기 부서진 몸을 내밀며
부끄러움 없이 먼저 치료해 달라고 민낯을 내밀 때
봄은 흐느적흐느적 걸어와 내 앞에 서성인다

공중에 신경 줄을 팽팽하게 당기고 있는 겨울 숲은
하얀 보온 털옷을 털어버리고
겨우내 골다공증을 앓은 몸을 다지면서
고목과 참 목을 솎아내고 있다

아무리 위에서부터 계곡바람이 흔들어도 버틴 덕분에
모습을 유지했던 생물이
무너지고 또 쌓이면서 더 다져지고 있다

참새도 해동한 공중을 자유롭게 더 많이 날아
숨이 턱에 차도 멈추지 않고

하강할 대지를 찾기는커녕
계속 활강하고 있다

가난한 내 언 뜨락에도
퀴퀴한 고생대 삼엽충이 뿌려지고
겨우내 각혈한 숨결과 버무린 다음
침전한 생수가 혼합되고 나면
그제서야 몸 구석 어디에서부턴가
연둣빛 그리움이 손짓하리

뜸북새

뜸북새가 운다

옛 시절의 그리움을 재생해 가며
어김없이 봄이 오면 모내기 한 논두렁을 다니면서
뜸을 들이며 노래하고 있다

기다림도 마음에 담아 놓으면 속병이 된다고
뭐 그리 마음만 급한지
모를 심어 놓고 길쌈질 하라고
늘 아버진 뜸뜸, 뜸부기를 부른다

시름도 헹구고 씻다보면 보람이 되는 것
뜸부기 지나간 곳엔 언제나
동심원이 퍼져 말갛게 유년의 샘물이 생기고
그러면, 그때마다
새참을 머리에 이고 비틀비틀 논둑을 따라
늘 어머니는 두건을 쓰고 나타나셨다

가난도 지나다보면
회상하고픈 그리움으로 번진다

가슴 속 깊이 촉촉하게 젖어오는
말간 그리움으로

지금도 내 마음 속에서는 뜸 뜸 뜸
뜸부기 울음이 들린다

허허로운 벌판에 있는 우리 논에서
또 언제 불렀는지
부지런하게 그 일꾼, 논을 매고 있다

나팔꽃 사랑

울보이면 어때요
매일매일 아침이면 운다고 놀려대는 사람
감정이 많다고 나무라나요?

나처럼 가슴에 사무친 진한 사랑해 보세요
느끼는 감정이 북받쳐
도저히 안 울 수 없을 것이니까요

바보라고 놀려대도 괜찮아요
바보면 어때요. 정말 날 사랑하는 분이 있는데
하늘의 달과 수많은 별들이 부러워해 줄 만큼
아름다운 밤을 품다가
아침이면 마른 수건 흠뻑 젖을 때까지
또 눈물을 흘려야 하는
이게 내가 살아가는 방식인걸요.

뜨거운 햇살이 싫어서가 아니에요
밝은 빛에서는 너무 너무 부끄러워
수줍게 입을 가리며
남이 모르게 짝사랑을 하여
다만 보이지 않을 뿐이에요

햇빛과 함께 하늘로 사라지는 당신 따라 가고파
바벨탑을 기어 올라가는 꿈을
매일매일 꾼답니다

하루를 기다리는 시간이 너무 길으니까
기다림이 지루해요

고향의 울타리를 보듬고
오늘도 발이 부르트도록 직립의 장애물을
무작정 기어오르고 있어요

봉선화

수줍은 듯한 예쁜 얼굴에
내 첫사랑이 서성이고 있네

뽀얀 얼굴을 가만히 들여다보면
아직도 가슴 한쪽에 이는 설렘
빠알간 홍조
마음 저 밑에 깊숙이 감추어 놓은 감정
들킨 사람처럼
부끄러움 잔잔히 밀물처럼 일어오네

그대가 슬프면 나도 슬프고
그대 얼굴에 근심이 쌓여 있으면
나도 같이 마음이 무겁고 괴로운
우리는 이전 세상에서 어디선가 만난 듯한
기이한 인연인가 보네

어젯밤도 밤새도록 누군가를 생각하며
가슴에 묻다가 쏟아 낸 마음의 상처자국
하얀 볼을 타고 흘러 내렸네

유년의 겨드랑이 가렵던 날
가장 여리고 부끄러운 새끼손톱에
콕 찍어 놓은 예쁜 생채기
처음에는 산란의 고통처럼
아려오더니
그 비단결 같은 외길 순정
이제사, 무엇을 고백하는지를 알 것 같네

미루나무 · 1

고향에 가면 난 아쉬움이 많다

고향 한 가운데, 하늘에 닿은 미루나무 베어지는 날
나는 부러진 나뭇가지를 타고
우주를 탐험하는 꿈을 꾸었다

혼자 하늘을 붕붕 날아
별나라 여기저기에 소식을 배달하는
우주 비행선을 운전하는 운전사가 되고 싶었다

고향마을을 상징하는 미루나무가 베어지는 날
어머니도 늘 아쉬움이 많았다

시진 틀 한가운데에 박힌 흑백사진들
어머니가 시집올 때 고향 미루나무를 배경으로
보름달과 함께 찍은
큰 미루나무가 그리움처럼 함께 걸렸다

잔가지 하늘을 우러러
별을 찍고 있는 미루나무로 만든 꿈의 사다리

난 별을 따고 싶으면
미루나무 사다리를 타고 오르는 꿈을 꾸었다

내 이마에 난 자그만 상처자국
언제 생겼냐고 물으면
난 미루나무를 타고 하늘을 오를 때 유성이 떨어져
부딪친 흉터라고 대답했다

어떤 날은 그리움이 너무 사무쳐
억지로 고향 미루나무를 다시 세우는 꿈을 꾼 적이 있다

드높은 하늘에 운집한 은하수처럼
아득한 거리에 지워진 고향집 미루나무
가끔씩 꿈속에서나 만날 뿐

묵정밭에서

내 가슴에는 메아리가 들리지 않는다

공기가 부족하여 생명이 헐떡거리는 땅
잡목과 잡초만 무성하여
산으로 변한 밭에서
지금은 머루와 다래만 연다

햇살도 버리고 간 땅
변방에서 명맥만 유지하는 감나무는 고사목으로 변해
기한 전에 열매를 맺지 못하고
밤나무는 혼자 톡톡 땅으로 가을을 쏟아낸다

청산의 뻐꾸기는 어느 날 여기를 버리고 떠났다
물도 말랐고, 땅도 거칠다고
생명을 잉태하지 못하는 생리 끊긴 여자처럼
추억의 흉터가 가려진 곳
어쩌다가 그물 같은 덤불만 무성하여
오솔길도 용납하지 않는 불모의 땅

바람이 불어도 반가워하지 않고
비가 내려도 받을 힘이 없어

그대로 새고 있는 갈증으로 푸석한 땅
여기서 내가 가난한 젖줄을 물고 살았던가!

생명이 없는 생명이 살고
곳곳에 신음하는 땅
태어나서 거기서 죽어 벌거숭이로 묻히는 땅
사방에 산으로 둘러싸여 밖으로 나올 수 없는 맹지
제 힘으로 다시 기력을 회복할 수 없는 거친 땅에서
그래도 가족들이 함께 살았다.

지금은 침묵하고 있지만
그 땅엔 엄연히 이름표가 존재한다.
지목과 지번이란 이름으로

누런 토지대장에서 잉크가 바래고 있다

할미꽃

구부러진 할미꽃 등 위로
모진 세월이 지나가고 있네

희로애락이 물결치고
꺾어진 자국마다 무거운 인생의 질량이 얹혀
다시 세우질 못하고 있네

인생은 칠십이요, 강건하면 팔십이라더니
마음은 파릇하듯 청춘인데
벌써 고개를 땅속에 박고 있네

세월이 건너간 살갗마다
검버섯 같은 주검이 올라오고
시린 무릎마디가 바람에 흔들리네

하지만 부지런함 때문인가
외다리로 선 인생
늙음을 망각할 만큼 젊다네

질곡의 강 건넌 나이
누가 알아 줄텐가

인연을 함께한 사람들, 다 잠들고
그 파릇한 억센 거죽 위에
하얀 사리를 묻고 묵념하고 있네

슬레이트 지붕

아버지의 한숨이 무거운 침묵으로 내려앉은
골 파진 슬레이트 지붕 사이로
잔설이 떼를 입혀 가꾼 기름진 이끼
새봄이 공기를 데우자
뜬 틈을 비집고
파랗게 옻순처럼 돋아 나온다

많이 닳아질수록 헤치고 뜬다는데
점점 야무진 박달나무처럼 단단해지고
세월의 거름종이가
가실 때 아버지의 야윈 모습과 흡사하다

해와 달과 별이 밤마다 쪼던 자리에는
세월이 건너간 무게만큼
파란 버섯이 지울 수 없는 뿌리를 내리고
목마름이 갈증을 호소하면
천천히 물을 되새김질하여 게워내며
자체 생명력을 피워내고 있다

얼마나 외로이 마른 눈물을 흘렸는가!
깡마른 골마다 한숨이 지나간 자리

장마 때마다 떠내려가지 않으려고 몸부림치며
역류하던 아우성!
따개비 같이 붙은 자리를 파보니
발톱마다 헤진 자국
아, 그래서 밤마다 홀로 몸살을 앓고 있었구나!

봄비

그리움을 만지작거리며
보슬보슬
메마른 땅을 헤집고 있다

지난 봄, 어느 날
시집 간 누님이 뿌리며 다독거리던
장독대에 이어 붙인 꽃밭
잔자갈 키를 세우며 울타리를 단단히 잠그고
새는 꿈을 막고 있다

꽃잎과 꽃잎이 서로 포개있는
한가로움 사이에다
비는 칭얼대듯 가는 축복을 내리고

부끄러움과 순수가 모자이크처럼 어울려
오색의 무지개가 공존하는 빈터에
사랑을 다독이는 엄마처럼
추적추적 조루에 담아
자장가를 불러주고 있다

탱자나무 위의 사색

그리움이 걸린 탱자나무에
뾰족한 가시가 햇살에 더욱 유난스럽다

햇살을 피해 요리조리 숨바꼭질을 하는
멧새 한 마리
곡예 줄을 타고 널 뛰 듯 연기가 대단하다

한 낮의 졸음이 탱자나무에 걸리고
새들은 세상이야기를 한꺼번에 쪼아 와
이곳에서 바글바글 끓이고 있다

근심을 피해 마실 온 새댁이 대문을 열면서
강아지 밥그릇을 걷어찬다

다급하게 비상하는 새의 깃털이
하얗게 하늘을 날고 있다

놀다간 자리마다
그리움이 몽실몽실 영글고 있다

채송화

장독대 밑에 늘 눈칫밥을 먹고 핀 수줍음
누님도 심으려고 한 게 아니라
흘리고 간 생명체가 흙에 파 묻혀
변두리에서 생을 기생하고 있다

하지만 고맙게도
비집고 들어 온 햇살을 받아먹으며
존재의 의미를 잊지 않게
다부지게 땅 밑으로 엽록체를 뻗어내고 있다

누님은 자신을 닮았다고
웃자란 자존심들을 밀어내면서까지
꿀맛 같은 물을 목에 축여 주었지

어쩌다가 솜이불 같은 흙을 차 내면서
발이 나왔을 땐
차다고 이불까지 끌어와
다독이면서 베푼 뜨거운 사랑

봄비가 추적추적 내리면
위로 받은 당연한 사랑보다도
두 배로 눈물 흘린 까닭일까

지금도 수줍은 그리움이 핀다
빈집 모퉁이를 혼자 지키면서
키운 사랑

미루나무 · 2

매일 희망과 꿈을 먹으면서
미래를 꼬아 올리느라
자신의 나이까지 잊은 채로 살아온 세월

구름도 가고, 바람도 지나가고
끊임없이 휘감기는 어지럼증을 이겨가며
하늘을 향해 바벨탑을 쌓아 올리는 이유

선잠에서 깨면
맨 먼저 눈을 비벼 하늘에 하품하고
세상 사
삐뚤어진 질서의 경계를 세우면서
그 자리를 묵묵히 지키는 가로수 역할을 하며
사랑을 퐁퐁 지피는 까닭은

언젠가 누구를 만날 기대감으로
푸른 귀를 펄럭펄럭 거리며
기다림의 외다리로 서 있는 것이 아닌가

봄

파릇파릇한 냉이처럼
아슴아슴 속을 긁는 봄바람
바람에 부대끼며 실려 오는 봄 향기에
썰물처럼 떠 밀려온
내 사춘기 시절
그리워
그리워

나팔꽃 바보사랑

나팔꽃은 하늘을 무척 사랑했나 봐요
지난 하룻밤 사이에
지상으로 놀러 온 안개와 만리장성을 쌓으며
눈물 흠뻑 온 몸에 젖도록
너무너무 울며 사랑을 했나 봐요

하루 밤 동안 꿈처럼 맺은 사랑
아침 햇살이 안개를 걷어가자
눈에 이슬자국이 맺힐 정도로 펑펑 울다가
제 임을 따라 하늘로, 하늘로 올라가요

얼굴을 할퀴고 발이 부르터도
보랏빛 그리움을 가슴에 안고
직립의 벽을 타고 올라가요

오를 수 없는 한계에 도달하여 어쩔 수 없을 땐
무의 층계를 꿈으로 비비 꼬아가며
하늘하늘 촉수를 풀어 올려요

삶의 한계를 극복하다 지치면
야곱이 벧엘에서 꿈을 꾼 것처럼

꿈의 사닥다리를 땅 위에 놓고
하늘 끝까지 오르락, 내리락 하며 왕래를 해 봐요

아침에 잠을 깨보면
나팔꽃 혼자만 부끄러운 짝사랑을 하고만
바보사랑을 했나 봐요

봄의 교대식

산자락과 산자락 사이
손바닥만 한 크기의 평탄한 밭떼기에
몇 시간만 햇살을 붙잡고 가두면
재활용처럼 버려진 임자 없는 나대지에도
연둣빛 그리움이 모락모락 피어오른다.

관심에서 변방으로 밀려난 동안 내내
눈에 띄게 수척해진 대지
다시 힘줄이 툭툭 올라오고
겨우내 눈물만 짜내던 도랑물도
늘 묵은 물을 버리며 웅덩이를 채운다

햇살이 보약이라 했던가!
여기저가 숨죽여 마비되었던 영혼들이
한숨을 쉬며 기지개를 켜고
규격 된 질량에 수형된 거름 포장지를 뜯자마자
물렁뼈 없는 식물처럼
대지가 나른나른 녹는다

등골이 시린 대지에 금이 간다

냉골 같은 연기가 하늘로 머리를 풀고 나면
두툼하게 싸맨 상처를 풀고
단추 구멍만한 크기의 숨구멍을 통해
한나절의 부끄러움이 고개를 내민다

봄이 바구니에 합환피처럼 쌓인다

군복을 벗다

인생의 반세기 가까이
나를 품에 가두었던 얼룩무늬 군복에
땀 냄새가 풀어지고 있다

내 허물이 곳곳에 감추어진 박음질 한 곳마다
긴장이 풀렸는지
실밥이 한올한올 풀어지고
견장에 내려 앉아 무게를 느꼈던 삶이
폴폴 하늘로 한숨을 지피고 있다

아무리 보아도 병적증명서엔
내 삶의 그림자가 지나간 흔적도 없이
간결한데
감동이 숨겨져 있는지 자꾸 눈물이 인다

집안 한 귀퉁이엔
나를 따라다니다가 삶에 부딪쳐 멍든
가구들의 애절한 상흔이
씁쓸한 미소를 굴리고 있다

허탈과 홍분과 기쁨과 걱정이
나를 강제로 방 한 구석으로 내몬 가운데
기가 꺾여 풀이 죽어 가위눌린 걱정의 천이
이젠 병든 환자처럼
한심하게 풀어져 누워 있다

벌써 천덕꾸러기라고
나를 구박하고 있는 걸까
재빨리 풀어진 영혼을 다시 충전시키고
내 속에 충동질하는 허상을 내치리라고
다짐한다.

그리고 누가 볼까 수줍어
노을같이 붉어진 민낯을 감추고
세상에 풀어진 나를 거두어들인다.

군화를 푼다

하루종일 짐을 메느라 조인 군화를 푼다

긴장이 풀리자
고랑고랑 패인 인생의 상처가 드러나
삭힌 가슴이 저린다

팽팽한 긴장이 고인 군화 안에서
무던히 고물고물 갇혔다가
발가락에서 떨어져 나온 퀴퀴한 냄새가
팽창한 공기압을 타고 올라오자
기다렸다는 듯
하루의 노동이 긴 혓바닥을 밖으로 내밀며
한숨을 내뿜는다.

그러자 응고된 피가 풀리고
혈관이 온몸에 시나브로 돌고 있다

비로소, 오늘 하루 동안
두 발에 지운 무거운 짐을 벗긴다

잠시 저녁 틈을 이용해
나를 지탱한 흉한 자화상을 본다

내가 보아도 부끄러운 발목에
매니큐어로 살짝 가리면서
나는 발톱 사이사이에 밀고 들어 온
까만 때를 파낸다.

뜸부기의 추억

잡으려고 달려가면
벌써 저만큼 달아나
그 발자취, 파란 모 사이에서
바람의 흔들림으로 대답하고

도저히 만날 수 없는 상황이 되어
뜸부기 노래, 빛바랜 소절로 한 절씩 추억하면
어느새, 저 논둑 한 가운데 서서
뜸북, 뜸북, 뜸, 뜸, 뜸
그리움으로 대답한다

백년이 가고, 천년이 간다 해도
밀려오는 애절한 가곡의 메아리
허한 가슴 달래려고 고향에 귀를 기울이면
그는 탑탑한 막걸리를 넘기는 그리움으로
초여름 밤, 바람처럼 달려온다

그 추억, 찰랑한 논물처럼 일렁인다

일출

수평선 너머에서
홀연히 바다를 찢고 올라오는 태양을 본다

바닷물이 온통 피를 흘리고
모세가 가른 홍해처럼
대양의 한가운데로 대륙을 연결하는 길이 나며
실크로드가 열린다

지구가 폭발한다
거대한 섬광과 요란한 폭발음이
바다의 수면 위로 솟구치며
침묵을 깨고 아침을 열자
긴장과 탄성의 애드벌룬을 띄운다

억만년 동안 한결같이
태양은 이렇게 힘겹게 해산을 하고 있었다.

제 2 부

곰소에 가면

바람에 떠 밀려서
따사한 남녘으로 무작정 끌려 가다보면
우연히 만나는 오일장 같은 포근한 마을에
언제 바닷물이 여기까지 몰려 왔는지조차 짐작이 안 가는
마을 전체가 염전 같은 동네
포구에서 떠 밀려온 곰삭은 고기들이 그릇그릇에
비린내를 풍기고 있다

남녘의 훈풍에 절여
적당한 온도로 간이 배어있는 물고기들은
희멀건 눈을 뜨고 선
자신들의 몸이 짠물에 절여 삭힌 것도 모르고 누워
곰소의 염전에 녹여진 채로
맛깔스러운 비린 맛을 바람에 날려 보낸다

가끔씩 하얀 무늬 결을 보면
태평양의 파도가 굽이굽이 넘실거리고
수만 리 길 대양을 헤엄쳐 모천으로 건너 온
그리움이 설핏설핏 보인다

그냥 우연히 들렀다 만난 곰소의 아주머니를 보면
언젠가 본 듯도 한
친절하고 후덕한 조선의 여인을 만난 듯
정겨운 정이 간다
제 가격 위에 덤까지 얹어 주고

바다의 귀향

– 본향을 향한 용트림

육지 사람들이 그리워
너무 그리워
하루에도 몇 번씩 출렁이며 스킨십을 보내 보았지만
그들은 내 언어를 알아듣지 못하고
오히려 나를 두려워하며 저항하고 있어요

나하고 만나는 경계선에
무슨 사대를 하늘처럼 쌓아 놓고
내가 육지로 향하는 물길을 막아 놓고 있어요

태초부터 태어난 본향을 향하여
몸을 뒤척여도 보았지만
도시의 견고한 성을 무너뜨릴 수 없어요

닫힌 문 열고 들어가면
내 아버지와 어머니가 있는 육지
내 뿌리가 있는 근원이 존재하건만
하루종일 철썩거려도 열 수 없는 성

출렁출렁 바다가 울고 있어요
사랑하는 육지의 가족들을 만나게 해 달라고
바람과 파도 같은 흉한 모습을 만들어
온 몸을 던지고 있어요

반암리에서

매일 저녁마다
속을 뒤집는 파도의 몸살에 쓸려
하얗게 머리까진 모래톱
누군가 그려놓고 떠난 미련 자국들을
애써 지우려고 안 해도
알아서 지우는 밀물과 썰물이 있다고
그는 알고 어지럽게 상처를 내고 떠났을까

해조음과 함께 돌아오는 어선을 따라
귀항하는 갈매기는
공중에서 파수꾼답게 구욱구욱 울어대고
하루종일 포탄에 얼 먹은 해안도시 옆에 거진항은
밤만 되면 불을 올리며 유혹한다

매일 밤마다
바다를 불러들인 모래사장은
잠시 쉴 겨를도 없이
파도 끝자락에 몸살을 앓고 있다

실향민의 오기가 아니었던들
짭조름한 바닷바람에 견딜 수 있었을까

수평선 저 끝자락에서
잠을 헤친 한숨과 피곤함이 바람에 실려
노송이 깃털을 뽑아 날리며
멍 자국을 깊숙이 내고 있다

맨날, 얻어맞기만 하는 반암의 모래톱
수련의 고행 끝에 얻은
작은 수정체의 고운 파편들이
발바닥에 밟힐 때마다
꿈틀꿈틀 한말이 있는 듯 궁금해 하고 있다

오징어

주문진에서 본 오징어가 누워있다
푸른 동해바다에서 묻혀온 소금기를 햇살에 말려
흰색 분가루를 온 몸에 뒤집어쓰고
연탄불 위에 누워 요염하게 젓가락을 유혹한다.

온 몸에는
쩐 내 나는 삶의 이력이 곳곳에 배이고
비린 맛을 하늘로 태워 날려
태양과 바람과 별과 달빛에 제 몸을 삭혀서일까
고유한 국산품 맛은 별로 없고
오대양 육대주의 다문화 가정에서 섞어 빚은
건조한 젓갈 맛이려니

하얀 염전의 고급외투를 벗겨보니
붉은 나신에 파도가 일렁거리고
옆구리에 달린 까만 눈자위에선
푸른 바다를 제 마음대로 끌고 다니는 모습이 선연하다

생물의 화석과 같이
편안하게 푸른 연기를 솔솔 지피는 오징어도
퀴퀴한 석탄을 태우자

옛 향수가 그리워서일까
고소한 바다냄새로 거친 파도를 치고 있다

오늘도 하루를 보낸 가난한 골목에서
혀 꼬부라진 한탄도 듣고
첫 사랑 연인들의 미완의 사연을 연민하며
또 이 한밤을 태워버릴
어느 시인의 격정의 시 한 수 읊는 운율에 젖으면서
오징어는 지친 일상을 이렇게 태우고 있다.

모래톱의 운명

허리를 풀어 놓고 놀던 모래사장에
파도가 한 번 쓸고 지나가면
폐허로 변한 마을은
통곡으로 아우성들이다

바다의 포식자가 오면
습관처럼 몸을 움츠려 대비하건만
비명은 파도에 묻혀 버리고
남은 것은 울렁거리는 홍분과 분노
얼마를 참고 살아야
서로 포옹하며 사랑하고 함께 살 수 있을까

하얀 포말이 부서질 때마다
살점을 떼어 주어야 하는 아픔을 견디며 살
불안한 운명
누군가에 호소하지 않으면서
바다를 그리워하며 품을 수 있을까

폭포수

하얀 허리를 꼬면서
자신을 떨어뜨리는 숙명
하얗게 부서지는 파편은
희열인가
세상을 향한 원망인가
처절하게 울다가 사그라지는
온순함, 그것
아아, 순간만 참으면 될 분노를
그 아우성
피 울음과 절규

대진항 사람들

전란을 피해 미처 달아나지 못하고
갓난아이 그냥 길가에 떨어뜨려
영원히 정착해 버린
비린내 나는 대진항에 가면
매일 북녘을 향해 비명을 지르는
가슴 아픈 실향민들이 있다

고향 지호 지척에
매일 우는 어머니의 모습이 어른거려
부두에 매인 고깃배의 닻을 붙잡고
통곡을 여는 사람들

고깃배 출항하면
해 떨어지는 먼 바다를 향해
저울에 달 수 없는 시름도 함께 실어 보내는
가슴에 멍울진 실향민의 삶 터

마음 같아선 그물을 펼쳐
바다에 금을 그어놓은 NLL을 걷어 올리고픈
망향의 한들

가물가물 파도를 갈아엎는 고깃배를 보며
비린내 절인 대진항에 가면

동란에 함몰된 그들의 고향풍경이
실향민의 이마에서
출렁이듯 보인다

게는 말한다

벌 밭을 쓸어간 바닷물이 수평선으로 고이고
진흙 염전이 드러나면
생명이 움트는 뻘밭의 구멍마다
안테나를 올리고 서로 교신하는 게들이
목을 빼고 주위를 살피며 조심스러워 한다

어떤 놈은 겁 없이 나와
틈만 나면 물 밖으로 몸을 올리고
대체로 신중한 놈은 고개를 내밀면서
연일 뻘 밖으로 진흙을 뱉어내며
한번 쯤 위험을 경험한 녀석들은
아예, 거품을 앞세우고 다리부터 쳐든다

언제나 푸른 바다가 흘리고 간 뻘에는
무수한 생명의 인자로 넘쳐나지만
가끔씩 푸른바다는 훈계를 하듯
분수껏 먹으라고 매질하며
여분의 물살을 몰고 다시 온다
그때마다 만세를 부르며 평형하는
게걸스러운 익살

한 번 가면 돌아오는 시간의 소요를 안 까닭에
그들은 결코 바다를 두려워하지 않는다

오늘도 멀지 않은 곳으로 옆 걸음질 치는
갑각류들의 풍경이 아늑하다

태양이 벌 위에 산산이 쪼개지면서
게들 몸속에 짭조름한 소금을 저장하고 있다

안개꽃 연가

어느 빛바랜 추억의 영화관에서
녹색 화폭에 사랑의 수채화를 그리다가
눈물로 만난 연인

가랑비 오는 창가에서
하얀 소금 꽃을 쓰고 섰다가
결별할 시간을 직감한 듯
이내 슬픔이 눈 가장자리에 머물고 있다

희뿌연한 물안개 피는 새벽 호숫가에서
이슬만 먹고 자라
축축한 순수의 이름으로 피어
언제나 눈가에 글썽글썽한 눈물을 달고 서 있는
하얀 면사포 쓴 여인처럼
가장 슬픈 것으로 왔다가 가장 감동으로 떠나는
하얀 안개꽃
사람과 사람 사이의 막힌 불통의 간격을
느낌과 감성으로 다리를 놓아
사랑으로 갈무리하는
이슬처럼 왔다가 바로 안개처럼 사라지는 꽃

오늘도 끝내 너를 껴안지 못하고
떠나보내야 했구나!

참외밭 바라기

내 고향 여름철의 참외밭은
밤하늘의 노오란 보름달 같은
그리움을 몰고 온다

실개천이 더위를 마는 소리와 함께
모기를 쫓는 부채바람을 따라
두런두런 옛 이야기를 폴폴 지피며
산 밑에 기운 원두막 아래에서
때 늦은 저녁을 먹는 우리가족의 한숨을
앞세우고 온다

세월이 지난 길목에
누군가 두고 떠난 빛바랜 추억들
그 낡은 책, 구석을 열면
먼저 떠난 아버지와 어머니의 얼굴이 보이고
늦여름 새벽 둥근 보름달 빛처럼
아슴아슴 다가오는
노오란 달빛연가

삭지 못한 심지 돋워 호롱불을 켜고
그리움 걷고 보면

참외 서리꾼 아픈 기억도 추억이 되고
둑길 따라 허탈함 몰고 오는 아버지의 한숨도
일기장에 번진 마른 잉크처럼
질펀한 보고픔으로 다가오는데

한때 태양을 품었던 열망의 참외들이
비 온 뒤 푹푹 썩듯
점점 말라붙은 시간이 길수록
낯설게만 느껴지는 박제된 유년의 그림자

매년 갈아엎는 참외 밭에
녹색 그리움은 아니 고여 있고
만만한 내 가슴속에 남아 있는 아린 추억만
해마다 갈고 있구나.

유성, 오징어

바다도 없는 이곳까지 파도에 떠밀려
북녘 무장공비들 유품을 나열하듯
좌판에 만세를 부르고 정렬해 있네

아직도 물속 어딘가에서 헤엄을 치는 줄 알고
두 눈을 부릅뜨고 대양을 노려보고 있는 오징어
몸속엔 바다냄새 아직도 출렁거리지만
생의 플러그가 빠진 촉수
장날, 장꾼들의 거친 손에 자존심까지 내어주네

한때는 구중궁궐만 드나들던 귀한 몸이었건만
보도, 듣지도 못한 낯선 서해바다
밀물과 썰물에 떠밀려
서해안 뻘밭에 걸려 바다로 나가지 못하고
나 같은 소시민 안주까지 된
유성, 오일장 진열장에 누운 오징어

반짝반짝 은빛 여울물이 피부에 흐르고
짭조름한 서해 바닷물 한 가득 입에 물고서
묵언 수행 중이네

저! 파도를 헤치는 내공
물살을 갈라 세우는 솟구치는 힘

금방이라도 내 손을 잡고
바다로 끌고 갈 것 같네

호주, 세인트 킬다 비치에서

비행기로 열 시간을 타고 남쪽으로 해 저문 호주 해안의 노을을 보았다

남태평양의 바다 끝, 남극으로 향하는 마지막 관문에 떠 있는 멜버른 도시 끝 바다. 그 끝에서 그물을 던지며 바다를 향해 포효하는 나이 지긋한 노인을 보며

나는 가볼 수 있는 마지막까지 가 보고 싶어

인간이 바다에 세운 부교에까지 가서 보았다

더 이상 전진할 수 없는 바다를 향해 붉은 노을이 수평선 아래로 떨어지고 바람은 거칠게 사람을 바다로 떠밀듯 하고 있다

난 저무는 태양을 향해 경건한 기도로 하루의 마지막 일과를 환송하고

돌아오는 메아리를 기대해 보았지만 돌아오지 않고

끝내 마지막까지 가져간 욕망을 바다 끝에서 노을과 함께 수장해 버렸다

남극을 향해가는 마지막 막차를 놓치는 아쉬움을 뒤로 하고 남은 미련으로

나는 하늘로 솟구치듯 뛰어 보았다

가도 가도 끝이 없는 인간의 욕망이 찾아 낸 대륙과 섬의 애매한 이름.

세인트 킬다 비치는 그렇게 나에게 첫 인사를 했다

이 도시의 해안 끝에서 쓸쓸하게 마감하는 하루의 종말을 보내고

다시 발걸음을 돌려야 하는 나는 외로웠다. 내 꿈을 다 하지 못한 아쉬움으로

내일은 남극의 얼음 대륙을 도전 하리라는 야망을 품고

비린내 나는 사나운 바람만 남겨놓고 발을 돌렸다

얻은 것이 없었지만 대륙, 호주는 저물어 가는 인생에 도전을 주었다.

삶의 끝자락에서 건져 낸 소중한 진주를 품고 아쉽지만

나는 그 도시의 종착역에서 마지막 버스를 다시 탔다

오면서 끝내 정복하지 못한 아쉬움을 거두면서도 늦게 야망을 찾은 보람을 안고.

만(灣)

제 살을 파먹으면서 맷집을 키운 파도가
잠시 동안 머물러 있을 집을 만든다

밀물과 썰물을 휘저으며
몰고 온 비린내를 켜켜이 쌓아 올려 만든
천연 가두리 양식장
구멍 난 그물 같지만
한 번 들어 온 물은 빠져 나가지 못하고
철썩철썩 수면을 때리며 변방으로 물을 몰아
촘촘히 물길을 가두는 만

모르고 들어 온 오징어는 하늘로 물총을 쏘아대고
저녁바람에 딸려 온 날치 한 마리
수면 위로 로켓 발사체를 쏘아대듯
펑펑 하얀 은빛으로 허공을 채색한다
그 와중에도 바다 밑바닥까지 긁어
하얗게 배가 변한 광어 떼
뒤늦게 가슴을 흔들어 수조를 꽉 채우는데

수묵화, 한 폭 밀려오면
밤이 두려운 이방의 노숙자들은 서둘러

여기저기 탕류를 일으키며 텐트를 치느라
분주한 일상을 마감하는 곳

초승달이 초점을 잃은 밤
별똥 별 해안까지 내려와 쏟아지면
눌이 꺾인 자리마다 얼먹은 고기들이 잠들어
물은 속을 비우고
한 바탕 긴 소요가 인 폐허의 도시에
한 뭉치 아늑함이 몸을 헹구고 있는 사이
수평선 멀리에선 바람을 앞세워
그리움이 자분자분 바다를 밟고 온다.

거진항에서

한 밤중에 파도가 철썩철썩 울고 있다
방파제에 부딪쳐 허공으로 솟구치며 갈기갈기 몸이 찢겨
수평선 위에 산산조각 부서지며 구르고 있다

하얀 비행선처럼 허공에 떠다니는 갈매기에게 물었다
왜 파도는 무모하게 제 가슴을 찢으며 분을 푸느냐고
갈매기는 까륵까륵 무어라고 대답하는데
이 말 저 말로 통역하다 던져 준 말,
그 말마저 바다에 빠뜨리고 말았다
대신 수평선을 보고 꾸륵꾸륵 울고 있다

수평선이 잠을 자고 있다
흔들림 없이 사선을 긋고 있는 수평선을 바라보며
내 가슴으로 안아 보았다
포근하게 안기는 섬이 비린 냄새를 가득 풍겨왔다
난 비로소 깨달았다
대낮처럼 밝은 밤의 환락가가 유혹하고
파란 대양을 향해 던져주는 미끼를 움켜쥐느라
파도가 NLL까지 넘어 와 아우성치며 운다고
그래서 애꿎은 해변과 방파제만 오늘도
찰싹찰싹 매를 맞고 있다고

낙산사 호랑이

침묵이 소복이 침몰해 있는
캄캄한 밤중에
천년 묵은 소나무 밑을 지나는
백두대간 호랑이 한 마리
외로움을 밟으며 지나가고 있다

한길 바다 밑에선
언제든지 떨어지면 삼켜 먹을 듯한
바다의 욕망
아슬아슬한 외길을
늘어진 소나무에 걸려 있는 달빛을 등 삼아
배짱으로 걸어가고 있다

휘영청 밝은 달보다 더 밝은
부리부리한 눈에서
캄캄한 밤을 태우고 있다

그 아주머니

언제나 그 논에서 일하시던 아주머니
늘 종종 걸음으로
바쁘다고 말수까지 줄이며 잰 발 옮기시던
그 아주머니
그 아주머니 부지런한 일과처럼
어느 날, 바쁘게 혼자 가셨다

깡마른 체구에 큰 신장
거침없이 토해내는 충청도 사투리에
사심 없는 품성을
영영 등에 짐을 지고 가셨다

까만 인생, 눈물도 한숨도
이생에 남기지 않고
큰 논에 지문자국 하나 찍고 가신 그 아주머니

낫같이 꼬부라진 허리처럼
풀 한 포기 자라지 않게 일구신 인생 논과 밭

그 집 안마당에 들어서면
아주머니의 운명처럼

수줍게 놓인 낡은 지게를 볼 때마다
그 아침의 평소 습관인 양
마른기침 토해내는 모습 선하다

먼 훗날, 어쩌면 얼마 후에
그 아주머니 복사한 내 모습을 보면서
너털웃음을 짓지 않을까.

안개꽃

언제나 그렇게 눈물이 많이 피나요
그리운 감수성이 많으면
헤어질 때도 그렇게 힘드시나요

떨어진 날들이 그렇게도 많아
여린 마디마디에 울음을 삼키며
하얀 눈꽃마다 송이송이
이슬이 촉촉이 젖어 있나요

특히나 이른 아침이 되면
밤마다 얼마나 울었는지 알 것 같아요
뽀얀 얼굴에 수채화 지워질 겨를도 없이
그 위에 투명의 물감을 덧칠하고 있으니까요

보고 싶은 얼굴 지우고 지운 흔적
그리움이란 그리움의 얼굴을 가리지 못하는
고집스러운 성격 탓일까요
그대는 화장발이 받지 않는 얼굴인가 봐요

혼자 가슴앓이에 익숙한 그대
망울망울 그리움이 피었다가 지는
안개 같은 이름이랍니다.

이별의 슬픔까지 온몸으로 표현하는
감성의 비너스여!

수건

일주일 간 바람도 못 본 고향 폐가 세면장에
풀이 죽은 수건 몇 장이 쌓여있다

폐암으로 돌아가신 아버지 다리처럼
올이 가늘어져 눌린 수건들이
햇살까지 보지 못해
후들후들 떨다 내려앉은 듯하다

향내 나는 어느 호텔의 비치 룸
사랑의 세레나데와는 달리
퀴퀴한 냄새가 코를 막는다

가난을 비벼가면서 산 시간과 땀들이
올에 절여 있어
살결에 묻은 물기마저 지울 힘이 부족해
지칠 대로 지쳐 퍼진 삶

올여름 갈증에 목까지 말라
대야에 넣자마자 축 늘어진 채로
오히려 꿀꺽꿀꺽 물을 들이킨다

무심한 내가 미웠다

한 장 한 장 다시 포개어
도시로 가져가 새 옷을 입혀야겠다.

시냇물 · 1

하루 종일 조잘거리는 입담이랴
한 굽이도 흐트러지지 않고
빠트리지 않고 풀어 넘기는 욕정이랴
영혼의 더러움을 맑게 헹구는
재생의 기술이랴

영원부터 영원까지 흘러도 변함이 없는
말갛게 정제된 순수 위에
녹아져 풀어내는 연륜이랴
욕망의 것들을 버무려서 온순하게 다스리는
절대자의 속성을 지닌 힘
버리는 것 없이 함께 가는 자비의 품 속안에
어느덧, 밤하늘의 별빛이 쏟아져 내리면
그도 부끄러운 여인인가
설핏설핏 그리움의 등줄기가 보이네

흘려보내는 불순물인가 했더니
벌거숭이 동네 꼬마들도 보이네

호박

청춘의 힘 철철 넘쳐
여름 내내 그 정열 걷어 주느라
담으로, 지붕으로 길을 내어 주었더니
실크로드, 비단길인 양
거침없이 동 서양으로 뻗어만 가네

어느 가을 날
하나 둘, 알몸 드러내는 꿈 하나씩 터트리고
노랑 옷마저 거추장스럽다고 벗어던지더니
花無十日紅,
중년의 나잇살마냥
검은 버섯이 햇살을 타고 올라와
점점 온몸에 전이되면서
주렁주렁 무겁게 늘어져 있네

뽐내고 잘난 척 살아본들
떠날 땐 짐이 되고
오히려 번 돈 주고 가는 삶이라더니

달빛도 외면한 채
담 밑을 피해가며 기우네

바다를 문 쥐치

퀴퀴한 전통시장
건어물 가게 한 쪽 옆에
고문자국이 선명한 쥐포가 포장지에 쌓여
투명한 알몸을 전시하고 있다

바다의 팔팔한 생기는 온데 간 데 없고
축 처진 몸으로
손님들의 거친 손에 의하여
기호에 따라 이리저리 몸이 뒤집혀지고 있다

한쪽에서는 이글거리는 연탄불이 타고
열반식을 준비하는 쥐포의 입에서
짭짜름한 바닷물이 녹아
쥐치의 영혼이 빠져나가는 순간
바다는 울음을 통해 그의 명복을 빌고 있다

출렁출렁
바다의 바람과 염분과 햇볕이 어우러져
몸을 뒤 집으며 울고 있다

다만, 물결이 없는 시장에서 있을 뿐

지느러미로 물살을 가르며
바다를 물며 하늘로 헤엄치고 있다

동해바다의 파도가 기체로 변해
남은 사리가
보닥보닥 머리를 풀고 시장으로 번진다

시냇물 · 2

그토록 애절한 묵언이었던가!
조약돌까지 검어질 정도로
한 길만을 고집한 순정
그가 풀어내는 무색의 춤사위에
물도, 돌도, 수초도 다 감동하였다네.

그 율려의 몸짓
세월까지 건너 뛴 애끓는 순애보의
오싹한 전율이여!

꿈 자락마다 들려오는
물살을 접는 사랑의 애가
메아리처럼 귓가에 맴도는구나

비우고 또 비우는 것 같아도
늘어뜨린 실타래 속에 쌓아놓은 망울
치료할 수 없는 병이 되고

천년을 기다릴지언정
뒤란의 뭉클한 사연을 써 내려가면서
계속 울고 있으려나보다.

주름 · 1

어느덧 벗겨진 넓은 이마에
격랑이 물결치고 있다

살아온 세월과 인내만큼
나이테 간격이 좁아지면서
세찬 바람이 골 사이에서 일렁이고 있다

밭에는 곡식을 심으라고 두둑을 만들건만
생명의 터도 가꿀 수 없는
거름도 없는 곳에 곡식을 심은 들
거둘 수 있으랴

매서운 골짜기에서
통뼈를 삭히는 삭풍이 인다

긴 겨울 가뭄에
생의 골짜기마다 샘물이 말랐다

꿈의 모순에 대하여

운석이 떨어질 만도 한 자리라고 하여
전설을 쌓아 놓은 성하의 높은 봉우리를 올려 보면서
말도 되지 않는 꿈을 수도 없이 지었다가 부수곤 했었다

으슥한 밤만 되면
하늘의 별들이 충돌하며 떨어진 곳에
별 끝이 서로 부딪쳐서 찔릴 만큼 날카로운
유년의 꿈을 쌓아 놓았던 곳
북극성에서 떨어져 나온 오로라가
밤마다 오색 빛을 뿜아내며
아, 꿈을 지피던 신기루
언젠가는 꼭 가보고 싶은 충동을 느꼈지만
어른들은 오르지 못할 높은 산이라고 말렸었다
절망을 말해주는 사람들이 죽고
시절도 바뀌었지만
전설은 구전으로 머릿속을 혼란시켰다

어느 따사로운 봄날
하늘을 물고 있는 봉우리에
뿌연 송화가루 먼지가 날리고

눈 먼 노루새끼 한 마리가 나를 내려 보고 있을 때
내 머릿속엔 혼돈이 찾아왔다

성층권, 별도의 대기권이라는 잡념이 사라지고
달도 정복한 것처럼
인젠가는 갈 수 있다는 생각에 사로 잡혔다

내 안에 잠재한 뿌연 신기루가 걷히며
힐링의 시대가 오고
에베레스트 산을 정복했다는 기쁜 소식을 접한 후에
나도 모험을 하기로 결심했다

가지 않는 신비의 길은 천 년의 낙엽으로 두둑이 쌓였다
그리고 가면 오지 못할 길이라고 생각 하던 길에
나는 당당하게 서서
옛날의 눈 먼 노루새끼처럼
내 고향 집을 향해 내려다보고 있었다
하지만 내려오는 그 길은
왜 그랬을까, 올라갈 때처럼
긴장되지 않고 허탈하기만 했다

다슬기

아버지가 잡아 온 흑갈색의 다슬기가
조그만 세수대야에서 서로 포개어 쌓여
비릿한 추억의 언어를 쏟아내며
해금을 게워내고 있다

희미한 유년의 돌 밑에서
돌돌돌 끊임없이 물결을 말며 숨겨 놓은
파란 말들을 꾹꾹 삼키면서

모진 세월 속에
창자와 소화기관을 헤치면서까지
가슴에 묻어 놓았던 말, 말, 말들
구르고, 말고, 버무리면서
혀 밑에 숨겨 놓았던 부끄러운 비밀의 순간들을
언젠가는 풀어 놓을 시간들을 위해
꼬불꼬불 저장해 놓았다가
운 좋게, 그리고 우연히
반짝이는 인연이 생기게 된다면
바람과 비와 물까지
그대 가슴으로 쏟아내고 싶어
조그만 공간에 풀고 있구나.

제3부

주목마을

강원도 대암산기슭에는
하늘 아래 가장 장수마을이 하나 있습니다

죽어서 천년, 살아서 천년하는 수명을 가지고
매년 푸를 청정, 하늘로 솟구치는
원시 방풍림이 시원한 그늘을 이루고
무더운 여름에도 하늘이 보이지 않는 아름드리 거송들이 모여 사는
성씨도 나이도 모르는 지문 없는 마을이 있습니다

우체국에서 착신지를 표시하여 우표를 붙여도
얼굴모양이 푸르게 비슷하여 찾을 수 없는
몇 대가 같이 모여 사는 사람들이 수두룩한
계곡이 우람한 선비마을이랍니다

거기에는 장송예식이 따로 없고
수억 년째 쓰러진 시체가 누운 채로 미라처럼 보존된
시비 하나 따로 없고
사돈에 팔촌을 연결하다보면 모두 친지가 모여 산다는
씨족의 군락지랍니다
육십 대 어린아이가 백세 넘는 엄마의 품안에서

숲속에 내려앉은 적막을 베고 자는
새 한 마리도 날지 않는 고요한 마을이라지요

강원도 대암산에 달빛이 내려앉으면
오염되지 않은 공기 탓일까
달빛도 초롱초롱, 유난히 반짝인다지요.

내 고향, 불잠골 연가

햇살이 잠깐 맛을 보다가 얼른 혓바닥을 거두어들이는
산 능선이 첩첩이 쌓인 계곡 아래에서
불곰 가족들과 함께 뛰노는 이야기를 모아모아
전설을 휘갈겨 써 내려가고 있는
불잠골, 내 고향 이름

멀리서 바라보면 불곰 등짝 까진 것처럼
산 능선에 일군 밭떼기 조각
돌 반, 흙 반에 드러난 땀방울 자국
변방에 쳐 놓은 그물망은 반쯤 내려와 처지고
그 안에 지친 영혼들이 던져 놓은
파란 새순이 햇살에 눈부시게 부서지고 있다

밤이면 산 아래까지 별들이 총총히 내려와
와르르 쏟아지면
비로소 저녁 한 상에 가족들이 모여 앉아
두런두런 지친 한숨 풀어내는
골이 깊은 산골마을

사람이 좋아 사람들끼리 모여 산다지만
때로는 흙이 좋아 모여 온 사람들
그 곳에 흙벽돌 엉기성기 올려
까치집 같은 바람 집을 짓고
임자 없는 계간 밭을 넓혀 갈 때마다
하늘 아래 다 가진 것 같은 만족감을 느끼며
괭이 같은 거친 손톱 밑으로
취나물이 자라고 감자 순이 올라 올 적마다
보람을 갖고 일상을 버무려 사는
늦저녁, 어스름을 몰고 집으로 돌아오는 사람들

봄은 봄대로 꽃 대궐 지어주고
여름은 여름대로 흙에 미래를 저장하고
가을은 울음 우는 갈잎에
마음에 묻어 놓은 그리움을 꺼내 채색하면
어느새 긴 동면이 문 앞에 서성인다

몸을 비비며 살아 정겹고
내 삶이 버거울 때마다
위안이 되고 기대고 싶은 메아리 머문 골짜기

검은 얼굴에 내 발자국 찍어 놓은 오솔길 따라
박힌 돌부리 차며 유년의 사연을 묻어 놓은 곳
오늘도 그 곳에 마음을 주면
산 까치 낮게 내려와 낯익은 얼굴 왔다면서
길을 안내하고 있으리.

골목길

감꽃이 날리는 으슥한 돌담길 지나
가로등이 반기는 터널로 나오면
언제나 반기는 어깨동무 친구
그리워
그리워
다시 밟아보고 싶은 지난날의 그림자

긴 초록의 시간이 흘렀는데도
돌담에 쌓여
서성이는 설렘

어둠이 비질하듯 좁은 길로 쓸어오면
두려움으로 귀가를 서두르던
유년의 추억이 서린 곳
가고파!

운리덕

배수도 잘 되지 않아
일 년에 제대로 물이 빠진 날이 별로 없고
동네 고무신 문수까지 정확히 알 정도로 척박하여
하늘까지 못 쓴다고 포기한
강원도 고산의 변두리 땅

별들도 신기하다고 잠깐 멈추다가 충돌하여
운석조각이 떨어졌다는 마을

소나무 사이사이를 파서
도랑 같은 경운기 길, 겨우 금을 그어 놓은
나선형 둘레길
그 길 무던히 따라가다 보면
보따리 보따리를 들고 아슬아슬하게 막차를 기다리는
거무틱틱한 운리덕 사람들

쓸리고 밀리다 보면
올라오느라 있는 진땀 다 뺄 만도 한데
한마디 불평도 없이
성냥갑 같이 엎드린 집으로 총총히 들어가
때 늦은 저녁연기 지피는 곳

전기불보다 더 밝은
하늘의 별과 달과 나무 불 피워 올려
한 상에 둘러 앉아
저녁 밥상에 하얀 김을 꼬아 올리면서
하루 근심을 날려 보내는 사람들

언뜻언뜻 구름에 수줍게 감추어져 있어
새벽마다 뽀얀 구름으로 세수를 하고
캄캄한 밤에는 검은 구름을 덮고 자는 곳

멧돼지 밤손님처럼 드나들고
실한 고추는 저 혼자 밭에 서 있어도
사람과 사람이 더불어 살아가 듯
가족처럼 두런두런 소리를 내며 지내는 동네

그 곳에 집을 짓고, 밭을 넓혀가며
새순처럼 삶을 키워가는
오염되지 않은 사람들이 산다

※ 운리덕 : 강원도 인제군 현리면 산봉우리에 자리 잡은 늘 구름에 덮여 있는 오지마을

그 자갈길에

하루에 차가 다섯 번 밖에 다니지 않던 그 시절
시간 맞춘다고 미리 버스 정류장에 나가지 않으면
마을버스를 놓치기 일쑤였다

동네 앞에서 먼 곳, 정류장을 보면서
개울을 지나 비포장 길을 숨이 막히도록 달리면
아직 버스에 도달하려면 멀었지만
운전수는 언제 우릴 보았는지
고맙게도 한참을 기다려 주곤 했었다

헐떡거리며 달리던 그 주먹만한 자갈길

어느 날, 양조장 손수레를 끌던 말이 밑으로 처박혀
공중에 대롱대롱 매달리면
동네 조무래기들 책보를 어깨에 멘 채
그 손수레를 밀어 올려 자갈길에 세우느라
밥 먹듯이 지각을 반복했던

자갈을 차며 덜컹거리면서 달리던 손수레길

가슴에 기다림의 뿌리를 내리며
두 팔을 벌려 날개에 하늘을 품으면서
어지러운 소음을 잠재우고
세월을 다독이며 서 있는 키 큰 가로수에게
뽀얀 먼지를 얼굴에 뿌리며 얄밉게 달아나던
스컹크 방귀 뀌듯 향수를 뿜어내던
그 그리운 가로수 자갈길에

지금은 그 길, 다시 볼 수는 없지만
흑백사진에서나마 폴폴 연기를 지필 수 있을 거야

그 계곡에는

메아리도 외치다가 목이 쉬고
그냥 산비탈에 서성이다 사라지고 했던
우산봉, 그 가파르게 쏟아진 계곡 아래
뻐꾹새는 지치도록 울다가
그 품던 산을 버리고 어디로 떠나갔을까

천년 가도 마르지 않는다는 계곡물은
목마름에 허덕이는 나무들의 아우성을 잊었는가!
푸르른 가지마다 꺾이다가 지쳐
천년 해송은 넘어져 계곡에 쓰러져 있구나

동네골목 또래들이 칡을 어깨에 메고 넘던 오솔길
그 풋풋한 냄새 솔잎에 파 묻혀
발끝 옮길 때마다 반가운 듯
직립으로 일어서며 반기네

계간 밭이라도 내 것이라고 넓히며
배부르게 포만감을 얻던 그 계곡 밑에
열 평 남짓한 밭
지금은 거름기 없어 숨이 턱턱 막힌 채로
한 옆에 똬리를 틀고 앉아 있구나

나 푸른 은둔의 꿈을 품게 했던 그 계곡
골똘히 들여다보니
내가 밟던 낡은 신발의 지문 그대로
깊은 퇴적층 밑에 몸을 숨기고 있구나

군복

내 민낯이 위장막 속에 숨이있다. 가슴에 단 이름표 세 글자
엘리트 족들은 얼굴을 알린다고 활자를 눌러 새긴 명함을 돌리면서
부족한 부분을 애써 보충설명까지 하느라
허리를 굽히고 악수를 청하고, 상대방과 눈을 맞추면서 안면을 익히는데
나는 오히려 나타낼 부분들이 가려져 있다. 갑옷 속에 묻혀서
최소한의 신분을 나타내라고 표시한 계급장과 견장과 표지장마저도
위장망 속에 꼭꼭 숨어 숨을 죽이고 있다. 딱정벌레처럼 푸른 은둔에 쌓여
오직 전쟁에서 승리만을 위하여
자기보호용 혼란한 질감으로 짜여 있다.

바라볼 때마다
한글의 자모가 혼재하여 무엇인가 말하고 싶은 것처럼
표시하고 싶은데 벙어리 냉가슴 앓듯 하고 있다

어울리지 않는 밝은 불빛보다는
어둠에 익숙한 생활이 불편함이 없는 천막
봄, 여름, 가을, 그리고 겨울 계절의 구분 없이
기쁠 때나 슬플 때도 혼돈 없이
언제나 편하게 입을 수 있는 사계절용 전투복이다.

온갖 엄격한 규율과 예절이 촘촘히 박음질되어
바라볼 때마다 존경과 존엄의 대상이 될 뿐만 아니라
무언중에 국민과 나라를 대표하는
얼굴이다

한올한올 실밥을 풀어 헤치다보면
거기엔 높은 산맥이 솟아 있고 바다가 출렁인다.
고막을 울리는 포성과 처절한 비명과 함성이 쩌든
땀 냄새가 송이송이 가득 맺혔다가 풀어진다.

때론, 전사한 영혼을 염할 때
마지막 수의로 덮여지는 성스러운 비단천이 되어
가는 자가 영원히 안식하는
천이 된다

지중해

멀리멀리 끝도 보이질 않는다
수평선이 가물가물 없어졌다가
다시 섬이 생기 듯 지구가 생성 한다
어디가 시작이고 어디가 끝인 줄 모르는
대양 위에 새벽의 해가 신음하며 태어나고 있다

빨간 생명의 피를 빨아먹고
무생물과 유생물이 바다 안에서 공존 하는 곳
대륙과 대륙을 잇는 실크로드
유럽과 아시아, 아프리카를 잇는 저 길을 밟고
몽골의 징기스칸이 유럽으로 오느라
저벅저벅 말발굽에 물이 튀기고 있다
유럽의 문명이 꿈틀꿈틀 일어나고
곳곳에서 일상이 모락모락 연기를 지핀다

역사를 기록한 지중해
우주의 생성을 간직한 대양의 한복판에
이글거리는 태양이 쪼개지고 있다
무수한 개성이 있는 생물들을 품고도
균형을 잃지 않는 광대한 바다

전쟁과 지각변동이 있어도 무너지지 않는 것은
밀고 당기면서 평형을 이루는 내공이 있어서일까

어쩌다가 이 커다란 웅덩이에
상상할 수 없는 수증기를 쏟아 붓고
조불수는 생명을 풀어 놓았을까

웅장한 바다
가도 가도 끝이 없는 대양을 조금 퍼다가 쏟아본다
그냥 수증기일 뿐이다
그런데 내 가슴 속에 뛰고 있는 게 있다
나폴레옹도, 율리아스 시저도, 알렉산더의 심장도
지금 나처럼 놀라고 있었을 게다

감꽃

바람의 까치집이 아스라이 매달린
추억의 가지 끝에
노란 그리움이 흔들리고 있다

실패한 첫사랑의 아쉬움들이
여기저기에 쏟아 놓은 앞마당 가에
뽀얗게 인 노란 별 무늬
아마도 아쉬움으로 감꽃 목걸이를 꿨을지도 몰라

설렘을 채운 보름달이 출렁이고
노란 호박꽃으로 별이 핀 밤
무색의 사랑 밭을 일구는 청춘들의 시린 꽃
지금까지도 꼭꼭 숨기고 있던 추억을
되살리고픈 마음
그 흔들리는 물결을 잡고 싶은 심정이
어디 나뿐만의 욕망인가

성황당

달은 볼이 터질 정도로 노오랗게 살쪄
뒷동산 위로 떠올랐건만
으스스한 성황당엔
누군가 켜 놓은 촛불만 휘어지게 춤추며
밤을 태우고 있다

오늘밤에도 누군가
점을 치고 갔을까
한쪽 팔을 잃은 산신 할머니는
하얀 머리를 곱게 빗어 넘기며
분주하게 앞뒤로 드나들고
성황당 뒤뜰엔
소지종이를 태운 시커먼 재가루가
하늘로 차고 올라가고 있다

자정이 지나고 밤공기 찬데
바쁜 곳은 한 군데 뿐
성황당 방문을 열자
캄캄한 뒷산을 배경으로 불이 타고 있다

만추(晩秋)

동학사 대웅전에 잔기침이 일자
서설에 쌓인 마지막 낙엽이 파문을 인다

골짜기마다 타는 신열들도 가랑잎을 말고
낙엽은 그리움에서 탈피하며
초라한 나신으로 퇴적층에 쌓여 함몰되어 가고 있다

이생의 연, 붉게 뿜어 올린 단풍
가슴에 깊숙이 쟁인 말 울컥울컥 쏟아내더니
그 한도 잠깐일 뿐
해마다 너풀너풀 염원만 털어내고
붉은 수의 걸친 채로
못다 핀 서러운 영혼을 풀어내고 있나니

근심하는 계룡산 산사
놀 지는 대웅전 저녁난간에 불어오는 바람
가을의 흔적 마지막 짐 져 나르려 할까
서리 몇 차례 얻어맞고 누운 이파리들까지
기어코 겨울문턱으로 쓸어내고 있다

산사에 외로움이 기운다
신음하다 멈춘 무거운 번뇌를 인 기왓장 위로
가로등이 깜박깜박 눈을 뜨고 있다

허수아비

자로 잰 듯한 균형보다는
불균형으로 기울 때의 허물이 더 아름답네.

옷은 화려함보다는 순수할 때
새것보다는 헌 것으로 찢어져 펄럭일 때
더욱 친근한 이웃집 아저씨 같나니

지킴이로 살아야만 한다고
애써 찡그리며 부릅뜬 눈보다는
적당하게 미소 지은 얼굴에서 풍기는 용모가
가을 불침번으로 선택받지 않을까

양팔을 찢어지게 벌리며
더러는 바람의 유탄에 맞아 비스듬히 서서
미친 듯 종일 춤을 추자

인자한 미라처럼 시침미를 뚝 떼고
농부인 양 흉내를 내며
하늘 향해 마음껏 함성을 질러보자

비록 비정규직 계약서에 날인을 하고
일용직으로 쓰일망정
시원한 지루박 댄스로 이 가을을 날리자

남매탑의 전설

계룡산 혼령을 삼키고 서 있는 두 석탑
올 때마다 애석함이 눈물로 젖는다

이생의 인연을 뛰어 넘어
잔잔한 사랑이 감동으로 전해지는
남매의 전설을 들여다보니

굳은 유화물감을 걷어내고
사천여 년이 지난 신라사람 둘이 걸어 나온다

계룡산의 축축한 바람만 떠다가
절간에 부려 놓았을까
경전을 읊는 소리가 정감을 타고 뼛속을 스민다

바람은 거의 차지 않는데
석탑의 이끼로 전설을 가리려는지
파랗게 번지는 범위가 점차 는다

나무가 햇살을 가려
초록빛 엽록소가 미치지 못한 까닭일까

보름달 · 1

체지방이 쌓인 밤
자신의 두께를 태우면서
남은 열량을 소모하느라
노란 그리움이 점점 얇아지고 있네

머리를 풀어 헤친
연못의 버드나무에 묻은 사연을 떼느라
밤새 울어버린 달의 유해가
연못에 잠겨 어른거리고 있네

천천히 밤을 건너가는 차가운 가을바람은
부끄러운 얼룩을 지워가며
어느덧, 동력을 잃은 달을 밀고 있네

체인 신세 절망하며
혼자 짝사랑만 하던 연못은 허망한 듯
달의 옷자락만 가슴에 품고 있는데
어쩐 일인가
아직도 물속에 이백이 서성이고 있네

도토리 묵

고생대 상수리나무가 침몰해 쓰러져
큰 대야에 눌려 있다

통나무 얼기미에
세파에 해금한 찌꺼기 결을 걸러내고
엑기스만 남은 채로 빠진
농축된 액체의 살결을 조금 떼다가
검게 그을린 간장을 찍는다

아주 먼 고대의 손맛이
짜릿짜릿 내 살결을 타고 감전되고
숙성된 태양이
상수리나무까지 우려내면서
절여오는 탑탑한 맛
과연 장인의 그 맛이다

남루한 짐을 내려놓고
상수리나무에 쉬고 있다가 나그네를 만난
아브라함의 모습이 서성이고
이빨 빠진 청솔모의 부스러진 화석과
이방 신상들의 귀걸이가, 목걸이가
부엌칼 결에 묻어 나오고 있다

주름 · 2

지난 십수 년 동안 숨죽이며 참아온
고통의 이름표가
내가 힘을 잃자 민낯을 내밀었다
그동안 용케도 잘 참았으리라

얇은 살갗을 여기저기 탐색하며
북괴군 땅굴 파듯이 파 놓고 막은
실패한 보기 흉한 흔적들
어머니가 밭고랑을 일구듯이
땀구멍을 막고 금을 긋고 있다

가끔씩 바람이 일 때마다
슬픈 흔적들이 고랑, 고랑 사이로 일렁이고
달이 찰 때마다
주름 고랑은 깊어지는데
잘 흐르라고 만든 고랑마다
한 여름 가뭄 때와 같이
눈물은 점점 메말라 땅이 갈라지고 있다

소초에서

동해의 깎아지른 절벽 위에
초병들의 짭조름한 땀방울들을 짓이겨 흙집 짓더니
산전수전 다 겪은 파도의 수난에 몸살까지 나고
풍광에 달 마음까지 빼앗았네.

천년의 소나무는 氣까지 내려준다고
허리 굽혀 지붕으로 내려오고
달빛은 해송에 걸터앉아
바닷물까지 마당으로 끌어올려
찰싹찰싹 앞뜰을 쓸어주고 있네

천년 고찰도 부럽지 않네.

멀리 시선이 내리는 곳엔 오징어 배가 떠 있고
어제 보낸 우편은 벌써 답장을 보냈는지
수평선 위로 물질을 하며 쓸어 오고 있네

밤마다 평화와 고요가 내려와 쌓이고
침묵이 무너지는 곳
내 지나쳐 온 숨결을 풀어 놓는 이곳
아늑한 저음의 파도가 동행해 주는
곤한 잠, 깨지 않는 성이라네
편한 민박집이라네.

그리움

물 오른 탱자나무 가시 사이로
멍든 유년의 추억들이
두근두근 멍 자국을 날리고 있다

아직도 그 날에 긁힌 상처의 자국들이
가려움으로 저려오는
초등학교 돌아눕는 길모퉁이에는
뿌연 먼지가 자욱이 일고
지금도 날개를 달고 있는 늙은 플라타너스 나무는
나이를 잊은 양
공중으로 비상을 준비하면서
옆구리의 가려움을 긁고 있다

꿈과 낭만이 포개져
젊음을 분출하던 학교 운동장
하지만 이제는 햇살조차 피해가는
메마른 빈터가 된 채
돌담은 제 몸을 헐어내며
연두 빛 흙터를 열어 보이고 있다

학교 모서리, 군것질 하던 구멍가게는
자취도 남기지 않고 사라지고
몇 개 낙엽을 달며 시름하던 나뭇가지마저
푸르고 붉었던 여름의 흔적을
쏟아내고
그 토사물을 싸리비로 지우고 있다

문창시장에선

명절 대목, 문창시장에선
눈을 뜨고 죽은 가자미가 좌판에 누운 것처럼
절인 아낙들의 수다들이 펴져있다

어제까지 좌판에서 꾸벅꾸벅 졸던 건어물 아저씨도
보름달만큼 벌어진 입을 귀에 매달고
빈 봉지에다 아귀까지 차도록
한가위를 퍼 담느라 분주하다

가격표만 매달고 졸던 문창시장에선
미안해 슬쩍 떠났다가 들어 온 밀물처럼
전통시장 대목답게
뜬소문처럼 사람들을 빈손으로 몰아내고 있다

열흘째 날마다
이름표 구실도 못한 전광판도
파란 시어들을 밀어내기 바쁘고

만선과 함께 실려 온 오징어 한마리
모처럼 먹물을 힘껏 쏟아내며

주인집 퍼진 여인 엉덩이에
한 폭의 동양화를 그려내며 불평한다

비린내 폴폴 풍기며
이웃 채소 골목으로 넘기는 훈훈한 정

지금쯤 문창시장에선
터질 듯한 보름달이 둥둥 떠 있다.

옥수수

옥수수 끝자락으로
저녁놀이 빨려 들어간다

헝클어진 머릿결이 바람에 실려
꿈의 여인
홍조 띤 뺨에 부끄러움이 인다

가을의 한구석에서
욕정을 태우며 홀로 투정을 부리는
미완성의 순애보여!

속살을 벗겨보면
사랑의 고통이 여물대로 여물어
누렇게 익어가는 신열
건너지 못할 징검다리로 건너가는
그녀의 하얀 다리가 서성인다.

보름달 · 2

모처럼 모인 추석 명절
어렸을 때처럼 달구경 그리워
일찍 저녁상을 물리고
쌀쌀한 날씨에도 평상에 모여 산마루 보는데
키운 몸집 때문일까
뿌연 화산재만 앞서 날리고
몇 번씩 입질하다 걸려든 피라미처럼
갑자기 하늘에 대롱대롱 매달린 모습에
엄니 얼굴 행여 있을까
누나 얼굴 있을까 하여 자세히 보니
그들 다 떠나고
아직까지 옥토끼 두 마리만
내 어릴 때부터 지금까지 열심히
떡 방아만 찧고 있었네

폐가에서

늘어진 빨래 줄에
힘없이 축 처진 누런 속옷이 말라
앙상한 뼈마디를 드러낸 채로 매달려 있다

마지막 가시느라 못 챙긴
물건 빠뜨려 놓고 먼 길 떠나시느라
다시 돌아올 수 없어
아버진 얼마나 후회했을까

좁은 빈방
빛바랜 사진이 두 눈을 부릅뜬 채 걸려있고
풀이 죽어 푹 꺼진 이불 몇 채
부끄러운 속살을 드러내며
찬바람을 가리지 못해 펄럭이고 있다

매년, 늦가을이면
곶감과 시래기가 걸리던 처마 끝엔
흉년을 표시라도 하는 양
을씨년스런 모습을 하며 아쉬워하고 있다

가을걷이를 끝낸 뒤 터엔
어수선하게 버리고 간 배추 시래기들이 흐트러져
사리로만 남은 유년의 추억이
더더욱 그리움으로 사무친다

이 좁은 보금자리에서
여섯 형제를 어떻게 키워 내셨던가!

케언즈에서

남태평양 남극 가까운 곳까지 떠 밀려온 파도가
호주의 맨 위쪽, 케언즈 귀 끝에 걸려
밤바다, 물결을 베고
나가지도 못하고 갇힌 채로 추적거리고 있다

밤은 오늘따라 외로움을 더 타고
자꾸만 야자수 나무에 걸린 보름달만 쳐다보며
여기까지 건너온 대륙의 여행길로 인해
온몸에 남아있는 피곤을 지우고 있다

낯선 도시 케언즈는
그렇게도 뛰던 심장까지 멈추었을까!
올 때의 흥분과 기대가 낯선 분위기에 실려
몇 번의 바닷바람을 맞고 나니
뒷골이 충격을 받은 양
머릿속이 공허하게 비워지고 있다

다시 채워지고 있는 것은 그리움뿐이다

끈질기게 괴롭히고 있는 가족과 고향생각이
빈 공간을 메우고

무거운 주름을 달고 걱정이 밀려온다
오고가도 슬픔은 숙명인가 보다

얼마 후에 야자수에서 한 수를 배웠다
아직도 나는 인생을 덜 살았을까

일부러 잊으려고 수평선에 시선을 고정시키는 순간
파도가 물살을 접으며 근심을 지워오고 있다.

감꽃 목걸이

달빛 쏟아지는 고향집 적막한 골목에
나이 든 감나무 한그루
그 잎사귀마다 달빛이 내리면
아, 태평양을 건너 온 두 캐럿짜리 다이아몬드보다
더 아름다운 자연의 보석이 있을까요

한낮에 학교 운동장에서
여자 아이들만 골라 고무줄을 끊고 달아나며
심술부리던 아이 같은 바람이
자정에는 고향집 감나무 위로 몰려와
한 번씩 흔들고 달아나면
오후의 계집애들의 부끄러움처럼
줄줄이 쏟아져 내리던
유년의 소중한 기억을 아시나요

사춘기 연애하던 연인 사이
헤어지기 싫은 시간을 보내면서
서로를 위해 감꽃을 엮어
귀한 목걸이를 만들어 주던 그리운 사연을
아직도 잊지 않고 있나요

머리에 무성한 서리가 날리고
참으로 먼 길을 돌아 다시 원점으로 돌아온 날
아련한 첫 사랑의 아픔 인연으로 남은
유년의 멈춘 시간으로 되돌려
첫 인연과 감꽃 목걸이를 하나씩 목에 걸고
둘이서 손잡고 뚜벅뚜벅 걷던 기억으로
폴폴 날아가고 싶지는 않나요

자화상 · 2

돌이켜 보면
사노라며 산 세월
후회가 되고
부끄럽고 감추고 싶어도
다시 살 수 없는 지난 인생 길

남은 여정
마음을 바로 세우고
결심한다 한들
수고한 만큼 결실이 없는
반복된 실수를 하지 않을까
후회 없는 값진 삶
정말 값지게, 멋지게 살고 싶은데.

제4부

초승달

동천에 희미하게 떠서
구름에 묻혔다가, 모습을 보였다가를 반복하며
비실비실 서 있을 힘조차 없이
계속 제 속을 다 파먹고 있는 달

한쪽으로 비스듬히 하늘을 기대어 서서
은하로 갈 날만 억세게 세고 있네

바람이 숭숭 들어오는 닳아빠진 뼈마디에
갈색 낙엽 하나 물고 서
유일한 그리움에 낙을 삼고 있는
하늘 못, 둥대지기

헐렁해진 옷가지 잔뜩 끼어 입고
마디마디 삐걱거리는 연골 오므렸다 펴면서
자신이 살아있는 존재임을 의식하는
힘 빠진 저 늙은이

가는 한숨 허공에 내 뿜고 있네

삭풍에 목울대 가래조각 꽉 낀 채로 각혈하고 있는
말기 폐병환자 같은
희미한 동천의 가로등 불빛, 저것

하얀 나목

중심에서 밀려 관심이 없는 곳, 산능성이까시 올라와
부활을 준비하고 있는 메마른 영혼에
하얀 함박눈이 흐느끼고 있다

핏기도 없는 깡마른 체구에
체념한 식물 상태로
삶의 변두리만 맴돌다가
균형과 절제의 틀을 깨고 있는 감격
추위와 습기로 화장한 고사목으로 다시 태어나
하얀 서리꽃으로 환생하다

꽃은 봄에만 피어나야 아름답다는
통념 같은 방정식에 의문점이 남는
겨울에 아름답게 핀 설화

마침내 내면의 차가운 피로 맑게 승화시키면
가지 끝에 고귀한 깃털이 나와
승천하려고 날갯짓하는 천사들마냥
팔을 벌려 기류를 일으킨다.

누구나 화려한 한 생애를 마감하고 나면
인생을 정리하며
지난날은 지우면서 속을 비우는 법

하지만 혹독한 겨울, 추위의 절정에서
생의 욕망을 게워 내다보면
새악시처럼 하얀 면사포를 쓴
자신의 변화된 모습을 발견하지 못한 채로
정열을 발산하는 늙음의 아름다움을
모르며 산다.

실루엣, 북극에 대하여

그곳은 유성이 반원을 긋는 곳
꽁꽁 언 동토에
별들이 서로 부딪치고 파열음을 내며
오로라가 밤마다 발생하는
지구의 마지막 원시림이 존재하는 곳

밤 여덟시만 되면
상점마다 찌그러진 문을 철시하고
집 나간 개들만 으스스하게 거리를 누비는 마을
아! 마지막 바람이 오염을 걷어 간
무거운 침묵이 내려앉는 곳

귀 떨어진 별들이 하늘에서 부딪치며
쪼개진 운석들이
어느 이름도 모를 조그만 북극 촌으로 떨어져
그것을 줍기 위해 산마루를 넘고 넘는 꿈을
매일매일 아이들이 꾸는 곳

추운 겨울날이면
밤마다 하늘에서 하얀 함박눈이 말없이 흐느끼는 곳
우주의 마지막, 빙하의 마을에선

매일 지구만한 빙하 하나씩 금이 가는
지구가 꺼져가는 여울목
가장 맑은 곳에서 조금씩 생성되는
얼음 샘물을 실어 나르기 위해
아침 일찍 물의 근원을 찾아가는 원시 사람들

죽어도 부패하지 않는 미라처럼
곳곳에 유기견들이 버려진 곳
언 손을 호호 불며 타오르는 입김들이
몸을 풀며 하늘하늘 승천하는 지구상의 마지막
하나 뿐인 오염이 없는 마을
동토의 유일한 땅, 북극으로 가고 싶다.

나목

155마일 동쪽 산기슭 어디, 이름 모를 산 능선에
북서 계절 칼바람에 온 몸이 너덜너덜한 채로 찢겨져
죽어 간 젊은 고사목

꽃도 피워보지 못하고 젊은 나이에 불임의 세월을 살다
동사한 가지가지에 얼음 꽃 피어
어느 수목장묘의 애절함으로 살아가고 있네

밤이면 적막이 쌓인 전선에 고독까지 밀려와
저리고 쑤신 상흔, 마른 핏줄로 부르터
아린 언저리마다 쓰라려 우는데
뿌리박고 살아온 반세기
고목으로 속을 비우며 봄이 와도 새순 하나 못 틔우고
나신의 새로운 이름으로 살 또 다른 반세기를 예약하는
이 숙명의 아픔을
이 산의 이름 없는 주민으로 살아갈 거주불명자의 슬픔을
눈먼 세월 다 보내고 산 탁발승의 상처를
누가 알고 있기나 하겠나!

달빛 그림자 외롭게 드리웠다가 쉬고 가는
나그네의 포근한 품이었으면

하늘의 별들 쏟아져 내려와
잠깐씩 노닐다가는
아늑한 의자 같은 나무였으면 좋겠네.

나목을 보며

어느 시신을 기리는 수목장인가
무명의 전선, 산등성이에
쓸쓸하게 하늘을 향해 팔을 벌리고 있는
전라의 영혼

뚝배기 같은 하늘에 대고
그날의 슬픔을 울부짖는 것 같다
무시로 자다가 깨어날 만큼
불쑥 솟구치는 한
해마다 계절을 쌓고 삭히다보면
어느 덧 그리움으로 변해 버려
고통을 참아내듯
꼿꼿이 서서 이겨내고 있다

비록, 꽃은 피우지 못했어도
이생에 살다간 흔적은 잃지 않으려고
한 생애를 증언하듯이 표지석을 박고 있는
어느 무명용사의 버려진 무덤

죽음은 끝이 아니고
먼 미래세대를 위한 교훈이라 했던가!

누군가 가르쳐주지 않아도 스스로 깨우치는
무명용사의 무덤을 보며
해탈한 승려처럼 서 있는
영원한 승천의 비목 앞에서
잠시, 고갤 떨구며 숙연해지고 있다.

소문

바람 찬 주문진 앞 바다에
오징어와 한치와 광어가 유명하다는 말을 듣고
여기까지 육지에서 바다로 떠밀려 왔다는 부부

태양을 마주보고 누운 건조대에
비린내 허공으로 뿜어대는 맛에 취해
이 맛이 저 맛인지, 저 맛이 이 맛인지
헷갈려 후각이 둔해져 어눌하다

티브이에서 본 낙산사 큰 신장의 불상은
도로 쪽으로 쓰러질 듯이 기울고
이따금 바람에 쓸려 털 빠진 소나무마다
반쯤 바닷바람을 피해 육지로 누워있다

내 유년에 우주비행만큼이나
그토록 가보고 싶었던
동해의 한을 품고 있는 낙산사
그 소문을 싣고 반쯤 떠내려 온 주문진 앞 바다

그 소문이 진짜이면
그 마을에 지주 대를 세운 주민들

바다처럼 철썩철썩
내 궁금증을 푸른 바다로 쓸어낼 수 있을까

오징어 배가 수평선까지 가는 이유와
유난히 주문진에
오징어가 많이 잡히는 이유를
말해줄 수 있을까.

동천(冬天)

지저분한 하루일상을 그려놓은 하늘을
비질하며 쓸어가는 기러기떼
지나간 자리마다
쓸쓸한 겨울저녁이 파랗게 벗겨진다

초점 잃은 해는 서산으로 쓰러지고
산봉우리로부터 그림자를 접어온 어둠이
좁은 골목을 메워오면
시골 굴뚝의 연기는 자욱이 피워 올려도
찬 기류가 막고 선 때문일까
하늘로 머리를 풀지 못하고 있다

빗살무늬 창 하나의 차이로
방안 공기와 밖의 공기는 분단의 벽처럼
온도차가 심하여서
창문은 하얀 성에꽃을 피우고
꽁꽁 언 회색빛 하늘에선
추운 얼음장을 뚫고
새벽별 눈꺼풀을 떼며 게슴츠레한 눈을 뜬다

일 년 동안 매일
기상 캐스터는 미세먼지를 주의하라더니
하늘에 모아 놓았던 걸까
새벽별 주위로 먼지가 뿌옇게 쌓여
노랗게 절여 흐릿하다

지금까지 인내하던 하늘은
꾹 참던 자궁을 벌려
흰 눈 한 송이 날려 보내고
내 눈자위는 글썽글썽 눈물이 고인다.

고욤나무

가난한 삶의 내 뜨락에
세월의 낚시 줄을 길게 던지면
가끔씩 건져 나올 법한 가물가물한 고목
내 유년 시절 중심에 박힌
찬 거지나무 한그루 서 있다

종자씨앗 남겨둔 것처럼
추운 겨울까지 혼자 남아
삶의 변두리 한쪽에서
관심도 두지 않는 사람들 틈에 끼어
묵묵히 침묵하며 묵상하고 서 있는
동장군을 이겨 낸 삶이려니

햇살을 등진 음지 밑에서
천천히 세월을 삭혀온 냄새로 열매를 절여
나신에 뼛속까지
서리에 얼다 녹다를 반복한 까닭에
떤 맛, 빠지고 단 맛만 남아
할머니의 이빨 없는 잇몸으로도 씹을 수 있게
혀끝에서 계절의 맛을 우려낼 정도로
맛과 생명력이 있나니

낙화한 열매마다
주름살 접힌 인고의 얼굴을
언 발밑에 두툼하게 쏟아내며
구수한 인분냄새를 썩히고 있구나.

어머니 · 1

어머니는 저녁까지 거르시고
늦도록 우리를 기다리고 계셨다

싸리문을 활짝 열고
옆에 가로등이 비추고 있는 데도 불구하고
평소 전기세가 아깝다고 끄시던 불을
마당이 밝게 비치도록 밤늦게까지
불을 환하게 켜고 기다리셨다

싸리문 앞에 누운
누렁이가 조금 짖을 때마다
방문을 활짝 열고 밖을 내다보시는
아, 여위신 내 어머니

평소 간간이 들리는
각혈하시는 어머니의 기침소리
안타까워 살며시 방문을 열려고 하면
동네가 떠나가도록 짖어대는 누렁이 울음소리 놀라
어머닌 곤한 잠결에서 깨어나
"큰 애냐?" 하면서
나를 부르시는 잠긴 목소리

어머니, 부르시기 전에 먼저
나와 손자를 먼저 부르시며 맨발로 나오시는
아, 그리운 내 고향, 어머니

이제는 불러도 대답이 없고
쓰리져 가는 고향 옛십은
어머니의 튀어나온 어깨의 늑골과 같아
마음에 저미는 아픔
지금도 싸리문이 삐걱댈 때마다
기침하며 걸어 나오시는 어머니
아직까지 모습이 선연하다

억새를 보면서

기러기 쓸어가는 회억의 서쪽하늘을 바라보며
서걱대는 갈색의 허망일 듯
하얀 노후도 고개를 숙이네

늘 관심의 변방으로 피하여
그나마 명맥을 어어 온 억센 생명의 의지
살갗을 비벼 봐도 핏기 하나 없이 말라
칼바람 온몸을 조여 올 때마다
꺼억꺼억 울며 참아내고 있네

우두커니 서서 인연을 만든
모였다가 흩어지고, 흘려보낸 추억들
어른거리는 것마다 슬픔인 것들
얼마나 치이고 팔, 다리 꺾이었을까!
삶의 언저리에 생긴 생채기들
허무의 무덤들
햇빛과 바람과 흙의 냄새가 온 몸에 절어
부재로도 존재를 알리고
결국은 죽음으로 삶의 화석이 되어
새로운 이름으로 살아간 선배들의 삶

누런 비목처럼
강촌의 등대지기가 되었네

반쪽 햇살이 팽창된 수평선을 녹일 때는
은빛 머리털 하얗게 반짝이면서
여분의 묵시록이 된다네.

어머니 · 2

추운 겨울만 되면
목에 동이시고, 묶으시고, 걸치시며
온갖 시름을 온 몸에 치장하시느라
걷기조차 불편 하시던 어머니

얼기설기 까치 같은 바람의 집
위풍이 있는 석가래 밑에 곰실곰실 내려앉은
겨울 추위를 견디시느라
매일매일 화롯불 쓰다듬고 계시며
한 숨 넘길 수 있는 곳까지 밀어 넣으며 각혈하시던
핏기 없으신 내 어머니

내 유년의 그 어느 날
괴나리봇짐 싸들고 이사하던 추운 날
이고, 들고, 메고, 앞도 못 볼 정도로
더듬더듬 걷던 그 모습 안쓰러웠던지
익명의 아주머니 혀를 차며 이삿짐 나누어지던
그 바랜 추억의 삶들
이젠 사진틀에 매달려 흔들립니다

손자 손녀들 당신 품에 안겨
때 늦은 재롱을 떨면
힘에 부쳐도 마다하지 않고 안아주시던
포근한 품안이 그리움으로 다가옵니다.

이제는 폐가 된 안방에
앙상하게 드러난 흙벽 사이로
그 무딘 추억만 아득하게 걸리고
마당에 처진 빨래줄 걷어 올린 늙은 바지랑대가
힘겹게 하루하루를 버티고 있습니다.

잠시 몸만 빌려와 사는 세상이듯
당신이 애정을 갖고 가꾼 추억의 삶이
오늘도 낙숫물처럼
골 파진 처마에서 똑똑 떨어집니다.

진눈깨비

아무도 날지 않는 밤하늘에
잠깐 도둑처럼 왔다가 사라지려 했더니
기필코 들키고 말아
검은 자국을 찍고 사라지네.

그토록 사무친 감정이 많았던가!
신발, 발바닥 밑으로
가랑이 사이로 튀어 올라 전이되어
가슴까지 흙탕물을 일으키네

방 한가운데 화롯불이 빨갛게 익고
젖은 양말은 나체로 일광욕 중인데
마음처럼 마르지 않고 더뎌
하얀 김만 허리를 꼬며 승천하고 있네

방문 앞까지 햇살은 입질을 하고
마당에 한 가득 눈을 버무려 만든
저 심술궂은 눈의 불순물
방문하는 이마다
신발의 문진표를 그리고 있네

장독대

하늘빛과 통하는 그 곳에서
어머니는 한겨울에도 하얀 소복을 입고 단정히 앉아
염원의 재를 하늘 높이 태우셨다.

바닥엔 검은 재들이 주검처럼 떨어지고
소원이 하늘로 날릴 때

하늘의 별빛도 감동한 듯
단추 구멍만한 크기의 빛을 발했다

어머니의 다함없는 그 정성은
인정 없는 삭풍도 소지종이에 실려 날아가고
대신 머리 위에는
무지갯빛 소망들이 줄줄이 내려앉았다

어머니의 질곡의 강
그 마르지 않는 눈물의 헌신이
새벽마다 그리움이 아린
하얀 서리꽃으로 피어날 줄이야

장독대에서

매일 꽃밭에 묻혀 살면서
천국 같은 꽃 잔치 하는 날이 많았지
시집갈 날이 멀지 않은 누님은
수줍어 모올래
새끼손톱에 봉선화 꽃물 들이던 곳

어머닌 집 안에 무슨 일만 생기면
눈보다 더 흰 하얀 한복을 입고
소지 종이 하늘로 태우며
천지신명께 소원을 밀며 애원하던
탄식의 장소에

별무리 총총 쏟아지는 어느 겨울밤
왕고집 세우며 없는 감주를 더 달라고
밤새 보채던 나를 보면서
여윈 발목이 하얗게 보이는
얇은 덧신 질질 끌며 눈을 헤치고
옹기 그릇 밑바닥까지 득득 긁던 어머니

찬 얼음에 손까지 얼어
호호 부시면서도 자식 먼저 챙긴 다음

비로소 아랫목에 손을 녹이시던
아, 질그릇 같은 어머니의 사랑
마지막 석가래로 버티는 폐허에
흔적이라도 유지하기 위해서
거꾸로 물구나무 선채로
향수를 보 담고 있는 누런 옹기들

지금도 매일 밤마다
별빛 쏟아져 내려와 소곤거리고는 있지만
상실의 무게만큼 빈 공간 내주고
하얗게 누운 자세로
꽃비를 맞아도 슬프고
메주를 띄워도 간이 들지 않는
어머니의 양수 같은 장독대엔
다시 채송화도, 봉선화도 키 재기를 하지 않는다.

억새의 숙명

회색의 계절 끝자락에서
가슴에 박힌 응고된 그리움 때문인지
왜 하필이면 추운 계절에
찬 얼음조각에 두발을 담그며
바람을 안고 서걱서걱 울고 있을까

털옷까지 훌훌 벗어 던지고
모질게 불어오는 삭풍에 머리채까지 잡혀가면서
궁색한 삶을 살아가고 있는
저, 거지 강태공을 바라보자

핏기 없는 무딘 살결에
차오르는 숨을 고르며 바람에 저항하는
반항의 용트림

불안과 초조가 밀려오는 밤이면
머릿속이 온통 하얗다

버리고 가는 저 냇물처럼
흘러가고 싶어도 머무르는 그 자리
회억에 갇혀있는 사연 때문인지
빈자리의 쑤시는 고독을 이겨내며
기다림만 차곡차곡 쌓고 있네.

겨울 산

거친 삶을 사느라
누덕누덕 기운 누더기 옷을 걸치고
주사바늘 같은 나무를 온 몸에 꽂은 채로 좌정하며
시름을 안고 묵언 수행중이다

발밑에는 아직도 딸린 가족 같은 집들이
성냥갑처럼 옹기종기 모여 가슴을 파고들며
춥다고 납작 엎드려 있다.

회색 빛 도시가 처량하게
단추 구멍만한 크기의 눈만 깜박거리며 바라보고
지나가는 태양은 젖은 옷감을 말리라고
한줌 햇살을 던져주고 있다.

짐승도, 새들도, 바람도 깊은 계곡에 잠들고
걸인도 왕래가 없는 숲속에
저녁을 위한 냉기가 쓸어 가면
산봉우리부터 내려오는 태양의 그림자가
부챗살을 늘인다.

이윽고 검게 위장한 건장한 나무의 초병이
동구 밖을 지키고 있다.

하얀 풍경의 도시

밤새 창호지 문틈에서
사나운 산 짐승처럼 으르렁거리던 겨울바람이
추위에 시달리다가 아침이 되자
고달픈 몸을 눈 위에 뉘였습니다.

아침에 일어나자 산야는
마치 지친 산 짐승 여러 마리들이 숨만 헐떡인 채로
따가운 빛에 감전되어 일어나지 못 하듯이
하얗게 해방을 맞은 자유 같았습니다

얼 먹은 나뭇가지마다
눈물이 촉촉한 시린 꽃들이 피어나고
예쁜 공주의 나라에서 온 난장이들이
요술 성을 만든 것처럼
커다란 도시 성이 하나 지어졌습니다.

꼬마도시는 밤새도록
회색 아스팔트 거죽을 뜯어내고
하얗게 포장한 보드라운 양탄자를 깔며
도로공사 직원은 실험이라도 하듯
산봉우리에서 하얀 눈을 굴려봅니다

처음에는 새봄에만 꽃이 피는 줄 알았습니다
하지만 성곽 주위에 하얀 꽃이 흐드러지게 피어
향기 없는 향기가 번져
내 후각을 후벼 파며 괴롭히고 있습니다.

난 누군가 새로 만든 모델하우스를 구경해 가며
오감으로 탐색해 봅니다.

맹방의 포옹

맹방의 모래톱에 하얀 솜이 덮힌다

하루 종일 파도가 으르렁거리다 밤이 되자 부려놓은
배 멀미, 하얀 토산물을 토해내다가
희석되어 씻기어가고
다시 조용해진 바다는 꾸역꾸역 되새김질을 한다

바다를 야금야금 삼키며 들어간 근덕 마을에
별들이 올망졸망 내리고
짠 바닷물이 새듯
민물과 만나는 꿈의 삼각주엔
비로소 안식이 소복이 쌓인다

거친 바다가 종일 울다가도
맹방을 한 바퀴 휘돌아 나오면
순한 양같이 온순해 지듯

다듬어지지 않은 북쪽 자음의 사투리와
온화한 남쪽의 모음이 서로 만나
근덕 마을에 비로소 정착한 것일까
오랜 이웃처럼 다정하다

수평선에 켜켜이 피어나는 편린들로
피로를 씻어 헹구고 나면
내일의 희망들이 하얀 소금꽃처럼
마음에 염전을 만든다.

모이고 증발하다보면 늘 균형을 이룬다
흘러갔다 마음이 닿아 멈춘 곳
발길마다 긁히고 찢겨진 흔적들이 많지만
철썩철썩 쓸어주는 어머니의 약손처럼
꿰매주고 다시 보내는 곳

하얀 사구에 별 숲이 쌓인다.

외양간

언제 무너질지 모르는
본채 석가래 한 쪽 변두리
몇 년 된 지 모를 정도로 귀한 소 여물통에
바닥이 보이는 물을 깔며
전설이 동동 떠 있다

가난이 휩쓸고 간 자리마다
등골이 드러난 흙벽만 먼지 때를 입고 서 있고
대충 고삐를 묶던 나무들도
여기저기 척추가 부러져 있다

언젠가 누렁이를 향해
우리 집 큰 일꾼이라고 부르던 할머니는
홀로 떨고 있는 외양간에
마지막 유언이 될 줄 모르는 말만 남기고
저 생으로 가셨다

할아버지는 아버지에게 물려주고
아버지는 나에게 물려주고 가신
기둥까지 갉아먹은
추억이 출렁이는 외양간

외롭고 추운 겨울이 오면
그 때의 추억처럼
슬레이트 차양까지 내려 온 고드름을 따며
추위를 되새김질 하면서
홑이불 같은 어둠을 끌어와 덮는다.

기회는 온다

겨울바람, 대숲에 몰려가 울고
가을 무, 배추 밭에
하얀 눈발 서리서리 쌓여
시름을 앓고
판자촌 익은 살림에
줄줄이 딸린 고구마처럼
복에 없는 푸짐한 자식 복에도
그래도 때가 되면
그래도 우연치 않게
한번쯤은, 한번쯤은 기회는 온다
반드시 온다.

오동나무

동구 밖 바람 찬 모퉁이엔
겨울바람을 맞으며 오동나무가 울고 있다

왜 하필 한 겨울에
바람 막아 줄 언덕도 없는 곳에 서서
울고 있는가! 고민 하던 차

아아, 시련을 견디고 여문 나무
한을 뱉을 줄 아는 구나

그리하여 악기의 현을 고르는 솜씨
덩실덩실 춤을 유도하는 유혹
뭇사람을 흥분시키는
카타르시스가
그렇게
그렇게 뛰어났구나.

어머니의 장독대

살을 에는 한 겨울에
하얀 소복을 입고 가신 어머니가 우셨다

싸늘한 냉기가 혼자 앉아 있는 옹기에
다 식어 빠진 공기를 베고
지금도 없는 감주 달라고 보채는 나를 위해서
옹기를 밑바닥까지 긁고 계셨다

언제 부터인가
맛있게 익는 김장 맛도 없어지고
구수하게 코끝을 후비는 된장 맛도 사라졌다
고려청자의 비색에 미끄러져
다리를 삐던 겨울바람도
이제는 퇴색된 미술품처럼 없어졌다

어머니는 영원히 꿈을 꾸시면서
어느 신라의 도공을 찾으러 가신 것 같고
베개를 돌려 눕고 들으려 해도
어머니의 우는 소리만 들릴 뿐
흙 항아리에서
폴폴 지피는 푸푸한 아지랑이가 보이질 않았다

어머니의 손맛이 빚어 낸 맛깔스러운 맛을
우려내는 대신에
빈 용기만 구성지게 울고 있었다.

망향은 울렁인다

관광차를 몰자
7번 동해국도의 굽은 등허리가 펴지고 있다

이대로 거침없이 원산까지 갈 것 같은데
빨갛게 눈을 부릅뜨며 앞을 막고 있는 바리케이트에
그만 브레이크를 밟았다
아쉬움이 너무 많아 사람들은 고래고래 소릴 지르면서도
너무 아쉽던지
초병이 한 눈을 파는 사이
한쪽 발을 북쪽에, 다시 보면
남쪽으로 익살스럽게 까치발을 뗀다
아, 어디 이들 뿐이냐
파란 파도는 거친 이북 사투리로 토해내고
바람은 감기까지 실어 볼이 터지도록 때린다

교육영상은 그냥 차례에 불과하다
북으로 향하는 통문이 열리자
출발선에 선 카레이서처럼 울렁이기 시작한 기분이
드디어 폭발을 하고 만다
차는 가슴을 열고 포효하고
행여, 바다로 떨어질까 봐 바람이 매질을 하며

굽은 곡선을 펴면서 동행한다

울렁이지 않는 것은 아무 것도 없다
등 떠밀려 흥분을 막으라고 서 있는 용치 벽은
진정시키려고 있지만
그냥 침묵하고 있을 뿐이다

추위에 납작 엎드린 명파마을은 포근하다
느낌이 없는 그들 마음, 이해를 하지만
조금은 서운했다
가슴상처는 결국 눈물일 수밖에

주위에는 털이 뽑힌 소나무들이 이마를 문지른다
몸부림치는 파도와 바람에 시달려
온몸이 소금기로 절어 살갗이 터졌지만
어찌 망향의 한 만하랴

철시한 상점 앞에
한 여자가 오래된 과자들이 누워있는 먼지를 지키며
꾸벅꾸벅 졸고 있는 모습 옆에서
게으른 햇살이 눈부시게 쪼개지고 있다.

겨울 강

은 여울에 별빛 내리자
장롱 속에 깊숙이 감추어 둔 흑백사진이
물 위에 동동 떠 있네

흔들리는 물결을 떠 들어보면
가슴 안팎에 수장된 다슬기 줍던 기억이
빗살무늬로 흔들리며 서성이고
파란 수평선의 그리움 따라
횃불 들고 떡메 치던 유년의 고기잡이의 추억은
되새김질 하듯 설핏설핏 생각나는데

아직도 삶에 허덕이는 영혼들은
탁한 겨울에 머물러
무던히 과거로 회귀하지 않으려고
몸부림을 치고 있구나

그리하여 마음에 파랗게 녹조가 끼어
죽어 가고 있는지도 모르는 채
응고된 오염으로 떠내려가
역사의 변방으로 녹아져 내리는구나.

계절이 계절을 밀어내고
언제나 비운 회색의 자리에는
연둣빛 그리움으로 채우며
또 삭혀야 할 터인데

그냥 아린 상처만 부둥켜안고
동안거만 하고 있으니.

■ 작품해설

순수한 생에 대한 향수

문학박사 이 종 희

들어가며

서원생 시인은 『아름다운 길손』을 세상에 선보임으로써 메마르고 척박한 현대의 대지에 촉촉한 감홍의 파문(波紋)을 잔잔하게 일으키기 시작한 후, 지속적으로 시 창작에 열과 성을 바침으로써 네 권의 시집을 상재하여 그의 시정이 잠깐 스쳐가는 소낙비와 같은 것이 아니라 끊임없이 솟아오르는 샘물과 같은 것임을 똑똑하게 보이고 있다. 늘 시적 혜안을 번득이면서 생활의 주변에서 소재를 채굴하고 여기에 추억의 감정을 입히고 정성껏 농작물의 생장을 보살피는 농심으로 다듬어 구상한 것을 생동하게 형상화하고 있다.

서원생의 시 세계는 대도시에 용립(聳立)해 있는 고층빌딩이나 현대 첨단 과학 문명의 소산물에 있지 않다. 도시의 고가도로나 시원하게 뚫린 고속도로에 있지 않다. 차량이 홍수를 이루면서 질주하는 도시의 광활한 길과 거리가 멀다. 문명과 대척점에서 세속적 욕망을 초월한 자연의 세계에 있다. 그의 시적 공간은 일반인들이 하찮게 여기고 거들떠보지도 않는 그늘지고 소외된 공간에 있다. 산과 들에 멋대로 자유롭게 생명력을 유지하고 있는 꽃과 풀과 나무를 통해 시대의 흐름과 문명의 발전에 따라 변해가는 세속적 인심이 아니라 흙냄새 짙게 풍기는 토속적이고 순수한 정서를 투박하게 노래하고 있다. 그의 시에 나타나는 시적 사유는 날카롭지 않고 온건하며, 감정은 각이 져 있지 않고 부드럽다. 문명 비판에 주안점을 두어 대사회적인 발언을 직설적으로 하기보다는 자연의 순수성을 천착함으로써 간접적으로 현대 문명의 병리를 자연스럽게 드러내고자 한다.

서 시인은 산야에 산재하는 자연물에 감정의 숨결을 불어넣고 관념의 살을 덧붙여 화자의 분신이 되게 한다. 화초들이 눈물을 흘리고 누군가에 대한 그리움을 호소하고 애처로운 고백을 한다. 화자는 자연물을 통해 웃고 울고 신음하고 사유한다. 꽃의 웃음은 화자의 기쁨이고, 새의 울음은 화자의 슬픔이다. 여울의 속삭임은 화자가 표현하고자 하는 사랑의 밀어이다.

그의 시에는 '그리움'이나 '눈물'과 같은 시어가 유달리 많이 등장한다. 그만큼 비애의 정서나 정한의 정서를 주로 하고 있음을 입증한다. 그 둘은 서로 밀접하게 연결되어 있다. 그리움이 넘쳐서 눈물로 결정체가 되고 있는 것이다. 밤을 새워 그리워하는 마음이 눈물로 흘러 베개를 적시고 소매를 적시는 것이다. 논쟁이나 고발을 통해 사회 개혁을 추구하지 않고, 시대 상황이나 사회 현실을 증언하려고도 하지 않는다.

서원생 시인이 개인적 감정, 특히 비애나 정한을 주로 드러내려고 한다는 점은 고집스럽게 서정시의 본령을 지키고자 하는 것을 분명히 말한다.

수줍음의 미학-순수에 대한 향수

서원생의 시에는 '부끄럽다'는 시어가 자주 등장한다. 이와 같은 경향은 윤동주의 시를 연상하게는 하지만 동일한 시어라 하더라도 시적 의미는 매우 다르다.

윤동주의 시에 부끄러움을 부각시키는 시어가 빈번하게 사용되어 흔히들 그의 시를 평할 때 곧잘 '부끄러움의 미학'이라는 말로 규정하곤 한다. 윤 시인의 작품에 사용된 부끄러움의 시어는 다분히 정치적인 의미, 윤리 도덕적 의미를 내포하고 있다. 식민지 상황이라는 민족적 시련기를 살아가면서 신념대로 살지 못하고 비굴하게 살고 있다는 자괴감에서 나온 것이다. 일제의 강압 앞에 결연히 저항하지 못하고 무기력하게 굴복하고 있다는 자각을 표출하고 있는 것이다. 민족과 인류를 위해 기꺼이 희생하지 못하고 비굴하게 살고 있다는 자책감에서 비롯되고 있다.

서 시인의 시에 등장하는 '부끄러움'은 도덕적이거나 정치적인 의미가 담겨있지 않다. 화자가 자신의 감정을 표출하는 태도에 관한 것이다. 사랑의 감정을 당당하고 솔직하게 드러내지 못하고 얼굴을 붉히면서 수줍어하는 것이고 자신을 숨기면서 부끄러워하는 것이다. 여타의 현대인들이 타인들 앞에서 자신의 견해나 감정을 당당히 밝히고 실속을 알뜰하게 챙기는 데 반해서 화자는 남들 앞에서 얼굴을 제대로 들지 못하고 말을 하지 못한다.

주변에 보이는 꽃을 통해서 화자가 평소에 느끼고 간직해 온 사랑의 감정을 표출하고 이입시켜 표현한다.

뽀얀 얼굴을 가만히 들여다보면
아직도 가슴 한쪽에 이는 설렘
빠알간 홍조
마음 저 밑에 깊숙이 감추어 놓은 감정
들킨 사람처럼
부끄러움 잔잔히 밀물처럼 일어오네

그대가 슬프면 나도 슬프고
그대 얼굴에 근심이 쌓여 있으면
나도 같이 마음이 무겁고 괴로운
우리는 이전 세상에서 어디선가 만난 듯한
기이한 인연인가 보네

-「봉선화」 일부

집 안 화단에서 쉽게 볼 수 있는 봉선화를 대상으로 하여 순수 애를 노래하고 있는 시이다. 봉선화의 붉은 꽃 이파리를 바라보면서 애틋한 첫사랑을 회억하고 있다. 봉선화의 뽀얀 얼굴을 한 꽃 잎을 바라보고 있노라면 첫사랑의 추억에 아직도 가슴이 설렌다. 붉게 물든 꽃잎은 화자의 얼굴에 문득 이는 홍조이다. 누군가 화자를 쳐다보고 비웃기라도 할까 봐 부끄러움을 견디지 못하고 화들짝 놀라서 사방을 살펴본다.

화자는 봉선화 꽃을 바라보다가 동반자라는 생각도 들고 분신이라는 생각도 든다. 화자가 슬프면 꽃도 찡그리면서 슬퍼하는 것 같고, 마음에 근심이 담겨 있으면 꽃도 근심이 쌓여 있는 것 같이 느낀다. 봉선화를 바라보고 있으면 마치 거울을 통해 자신의 얼굴을 들여다보는 것 같다.

밤중에 내린 이슬을 머금고 있는 봉선화와 밤새도록 잠을 이루지 못하고 그리워하다가 눈물을 흘리는 화자의 얼굴을 동일시한다. 화자에게서 잠을 빼앗고 그리움의 눈물을 흘리게 만든 대상이 누구인지는 숨겨져 있다. 연심을 품게 한 대상을 찾아나서는 적극적인 행동은 끝까지 하지 않는다. 그도 수동적이고 식물적인 태도의 한계를 벗어나지 않고 있다. 고작 육신의 성숙에 따라 본능적으로 느끼게 된 사랑의 감정을 손톱에 봉선화물을 들이는 것으로 그치고 만다.

임에게 고백되지 못한 사랑의 마음은 오랫동안 가슴에 남아 멍이 들고 속병이 되어 화자를 아프게 한다. 아카시아 꽃에서 연상과 감정이입에 의해 화자의 대상에게 전달되지 못하고 상사병에 걸려 고통을 겪는 화자의 감정은 계속된다.

나는 지금도 수줍음의 속병 때문에

양 가슴 속에 그리움을 꼭꼭 묻어 숨기고
그대 만나는 시름으로
혼자 뜬 눈으로 밤까지 지새우며
속을 태웠네

그러나 부끄럽게 찔러대는 그리움의 가시 때문에
그대 향한 내 연민은 그만 들켜
수고한 기다림은 바람에 머릿결 같이 날리고
난 다시 향기 한 줌, 보듬고 홀로 앉아서
몸살을 앓고 있네

–「아카시아 꽃」 일부

화자는 이미 성인이 되어 천명을 알 나이가 되었음에도 여전히 수줍음을 닦아내지 못하고 있다. 그것은 화자가 그 만큼 순수하다는 것이다. 연륜이 쌓이고 세속적 사회와 부대껴 왔으면서도 여전히 부끄러워하고 수줍어한다.

화자에게 어느 날 피어난 아카시아 꽃이 연둣빛 그리움으로 다가온다. 아득히 먼 날 가슴에 새겨졌던 아름다운 추억이 아카시아 꽃을 본 것이 계기가 되어 화자의 내면에 잠자고 있는 비밀한 감정을 토로할 수 있기에 실어증에서 회복하는 환자처럼, 화석에 갇혀있던 타라노사우루스가 아린 기억을 헤집고 나온 것처럼 반가워한다.

주체하지 못하고 가슴 아프게 그리워만 하는 내성적인 감정은 아카시아 가시처럼 가슴을 쓰라리게 찔러댄다. 겉으로 드러내 보이기가 부끄러워 숨기고 싶지만 그대 앞에 서면 절대로 숨기지 못하고 들키고 말아 더욱 몸 둘 바를 모르고 수줍어한다. 옥수수의 색깔이나 모양에서 관능미가 발견되고 있는 표현도 이 시가 가지고 있는 특이한 점이다.

옥수수 끝자락으로
저녁놀이 빨려 들어간다

헝클어진 머릿결이 바람에 실려
꿈의 여인
홍조 띤 뺨에 부끄러움이 인다

가을의 한구석에서
욕정을 태우며 홀로 투정을 부리는
미완성의 순애보여!

－「옥수수」 일부

시골 텃밭의 가장자리에서 호위병처럼 우뚝 서서 자라고 익어가는 옥수수를 시골 처녀의 모습으로 의인화시켜 노래하고 있는 작품이다.

따가운 햇살을 받아 통통하게 익어가고 있는 옥수수를 보고 성숙한 여인을 연상하고 있다. 옥수수에 수북이 나 있는 수염을 치렁치렁하게 머리칼을 늘어뜨리고 있다고 했고, 붉게 익은 옥수수 살을 홍조를 띤 뺨이라고 표현하고 있다.

뜨거운 햇살이 싫어서가 아니에요

밝은 빛에서는 너무 너무 부끄러워
수줍게 입을 가리며
남이 모르게 짝사랑을 하여
다만 보이지 않을 뿐이에요

햇빛과 함께 하늘로 사라지는 당신 따라 가고파
바벨탑을 기어 올라가는 꿈을
매일매일 꾼답니다

-「나팔꽃 사랑」 일부

임을 사랑하면서도 연심(戀心)을 상대방에 표현하지 못하는 화자의 소극적 태도를 두고 남들이 바보라고 놀려도 어쩔 수 없다고 한다. 밤을 새워 임을 그리다가 눈물을 하도 많이 흘려 수건이 흠뻑 젖는 일이 있어도 감히 사랑한다는 고백의 말을 건네지 못한다.

현대인들은 사랑의 마음을 말로 표현하지 않으면 그것을 확인하지 못한다. 말로 표현하고 거창하게 선물을 주고받아야 비로소 연인의 관계가 성립한다. 가슴 속에 담고만 있으면 연인 감정의 교류는 영구히 이루어지지 않는다. 현대인들은 라이터로 불을 켜듯이 편리하고 쉽게 불을 붙여 활활 타오르게 한다. 불을 붙이기 쉽고 잘 태울 수는 있지만 그 연료의 수명은 대단히 짧아 오래도록 타오르게 하지는 못한다. 연료가 떨어지면 금방 꺼지는 불꽃처럼 곁에 있어도 이해관계의 변질에 따라 상처를 남기지 않고 미련 없이 결별하기를 아무렇지 않게 한다.

쉽사리 불붙었다가 금방 꺼지는 사랑과 이별의 풍속은 결코 한국의 전통적인 것이 아니다. 전통시대의 한국인은 사랑의 불을 쉽게 붙이진 못해도, 활활 태우지는 못해도 그 불씨를 쉽게 꺼뜨리지 않았다. 가슴 속에 불씨를 고이 간직하고 그리움의 눈물을 흘리면서 사랑의 불꽃을 피우게 되는 날을 애타게 기다리곤 했다.

현대 한국인의 인스턴트식 사랑은 지극히 서양적인 것이다. 우리가 근대화 과정에서 서구 문물을 수용하여 그 영향을 받으면서 애정의 전통을 망각한 것처럼 전통적인 한국인의 성정마저 잃어버렸다. 생활 방식이 서구화되면서 사랑의 방식이나 사고방식이 서구화되어 버렸다. 은근과 끈기가 한국인의 성정이라고 자랑하곤 했지만 지금의 한국인은 아무리 사소한 일이라도 참고 견뎌 내지를 못한다. 빠른 것은 좋고 우수한 것이고, 느린 것은 나쁘고 열등한 것이라는 인식이 일상생활 속에서 몸에 배어 있어서 참고 기다리지 못한다. 버튼을 누르면 금방 TV가 켜지고, 컴퓨터가 작동하는 것처럼 어떤 일이든지 신속하게 이루어져야 한다. 조금만 어려운 일이 일어나도 극복하려 하지 않고 쉬운 것만 찾고 금방 포기하고 좌절한다. 눈에 보이는 골격과 피부인 육신만 한국인이지 내면은 서구인을 그대로 모방하고 있다. 그런 지경이니 한국인의 정체성을 상실하고 서양인으로 살고 있다고 일컫지 않겠는가.

전통적인 한국인의 성정 상실의 시대에 서 시인처럼 산골짜기에 내버려진 채 황폐해 지고 있는 천연적인 순수성을 추구하는 것이야말로 우리가 잃어버린 한국인상을 되찾는데 기여하고 있다는 점에서 의의가 있다고 하겠다. 더 나아가서는 한국인의 정체성을 찾는 행위로 승화될 수도 있다.

순진무구한 사랑의 향수

서원생 시인의 시에 자주 쓰이는 시어 중에 눈물은 단순히 생활고에서 나오는 슬픔이 아니다. 경쟁이나 전쟁에서 패배한 자의 비애가 아니다. 남 몰래 임을 사랑하거나 그리워하는 순수한 사랑의 정에서 비롯되는 경우가 많다. 임과 함께하지 못하고 홀로 기다리고 그리워하면서 흘리는 눈물이다. 화자의 이러한 태도는 동물적이 아니라 식물적이다. 즉 자기의 애정을 적극적인 행동을 통해 쟁취하려는 것이 아니라 상대방이 다가와서 보듬어주기를 바라는 수동적이고 소극적인 태도를 보이고 있다는 것이다. 사랑의 메시지를 보내지 못하고 유혹의 손길을 뻗지 못하고 임이 나에게 자발적으로 다가와 주기만을 바라고 있기에 식물적인 사랑법이라고 할 수 있다.

언제나 그렇게 눈물이 많이 피나요
그리운 감수성이 많으면
헤어질 때도 그렇게 힘드시나요

떨어진 날들이 그렇게도 많아
여린 마디마디에 울음을 삼키며

하얀 눈꽃마다 송이송이
이슬이 촉촉이 젖어 있나요

-「안개꽃」 일부

안개꽃을 의인화시켜서 사랑과 이별과 그리움으로 인한 비애를 고백하고 있다. 아침에 이슬을 머금고 피어있는 안개꽃은 임에 대한 그리움을 참지 못해 밤마다 눈물로 지새우는 여인에 비유되어 있다. 밤마다 보고 싶은 임의 얼굴을 떠올렸다 지웠다가를 밤새도록 수없이 반복하는 흔적을 역연히 드러내는 가여운 얼굴을 하고 있다. 그리움과 이별의 한으로 가슴앓이에 익숙한 모습을 하고 있는 것이 안개꽃의 한결같은 양태이다. 이 시의 화자 역시 임을 향한 적극적이고 자발적인 자세를 가지지 못하고 수동적이고 식물적인 사랑의 굴레에서 벗어나지 못하고 있다.

〈안개꽃〉은 순수한 사랑의 결정체인 눈물과 그리움의 정서를 소중히 여기는 시인의 가치관이 잘 나타나 있다. 정략과 물질적인 이해관계에 따라 자의적으로 쉽게 맺어지고 결별하기를 서슴지 않는 현대 일부 계층의 보여주는 작태와는 너무나 상반된 모습이다. 전통시대 시가에 나타나는 여인과 사고방식과 정서를 그대로 보여주고 있다. 세월의 경과로 인해서 그 빛이 바래지 않고 속악한 세태의 때가 묻지 않은 정결한 모습을 보이고 있다.

사춘기 연애하던 연인 사이

헤어지기 싫은 시간을 보내면서
서로를 위해 감꽃을 엮어
귀한 목걸이를 만들어 주던 그리운 사연을
아직도 잊지 않고 있나요

머리에 무성한 서리가 날리고
참으로 먼 길을 돌아 다시 원점으로 돌아온 날
아련한 첫 사랑의 아픔 인연으로 남은
유년의 멈춘 시간으로 되돌려
첫 인연과 감꽃 목걸이를 하나씩 목에 걸고
둘이서 손잡고 뚜벅뚜벅 걷던 기억으로
폴폴 날아가고 싶지는 않나요

–「감꽃 목걸이」 일부

유년 시절 철없이 놀던 시절의 삶을 아름다운 추억으로 떠올린 시이다. 보름달이 휘영청 떠 있는 달밤에 활짝 피어 노랗게 빛나는 감꽃이 다이아몬드보다 아름답게 느껴졌다고 했다. 보석보다 아름다운 감꽃이 오래오래 피어있는 것이 심술 나서 밤꽃을 떨어지게 한 바람을 계집아이들이 고무줄뛰기 놀이를 하고 있는 운동장에 살금살금 다가가 고무줄을 싹뚝 끊어버리고 달아나 버리는 악동들에 비유하고 있다. 이를 통해 바람에 감꽃이 떨어지는 아쉬움을 표현하면서 동시에 어린 시절 장난 끼가 발동하여 철없는 짓을 많이 저질렀다는 것을 보여주고 있다. 여자 아이에 대한 관심을 직접적이고 노골적으로 표현하지 못하고 심술을 부리는 것으로 보여주었던 시절의 우스꽝스러움을 여실하게 드러낸다.

떨어진 감꽃을 모아 그것들을 엮어 목걸이를 만들어 가지고 계집아이의 목에 걸어주고는 사랑을 확인하고 장래를 약속하던 사춘기에 접어든 시골 남녀의 풋풋한 사랑을 회상하고 그리워하고 있다.

물질문명의 발달과 더불어 세속적 욕망에 충실하게 된 현대 남녀의 모습에서 전혀 볼 수 없는 이질적인 광경이다. 휘황찬란하게 장식한 배경과 값진 보석이 구비된 세칭 서프라이즈로 연출된 프러포즈에 길들여진 현대 청춘 남녀들에게서는 전혀 볼 수 없는 사랑의 모습이다. 감꽃 목걸이야말로 물질적 욕망에 오염되지 않은, 금전적 가치를 초월한 순수한 사랑의 결정체라고 할 수 있다.

시인은 감꽃 목걸이를 매개로 한 사랑의 추억을 형상화함으로써 금은보화의 유혹에 빠지지 않은 자연과 조화를 이룬 아름다운 삶의 가치를 역설하고 있다. 진정한 사랑이란 물질적 가치로 재단(裁斷)될 수 있는 것은 아니고 아무리 사소한 것이라도 서로 간에 진실한 마음과 정성이 상호 교류할 때 형성되는 것임을 말한다. 그래서 감꽃 목걸이를 목에 걸고 충만한 사랑에 젖어 있던 세계로 돌아가는 것이 어떠냐고 묻고 있다. 이를 통해 물질적 욕망으로 왜곡되고 정략으로 타락한 물신화된 현대인의 찰나적 사랑에 경종을 울리고 있는 것이다.

잃어버린 삶에 대한 그리움과 한

서원생 시인의 작품에는 유년 시절의 추억을 떠올리는 내용의 시가 유달리 많다. 그것은 남녀 간의 사랑만이 아니다. 20세기 중, 후반기에는 바야흐로 조국 근대화를 부르짖는 시기로서 농촌의 삶은 결코 넉넉한 형편이 아니었다. 가난은 일상이고 과학 문명의 혜택을 입지 못해 불편하기 짝이 없는 처지였다. '보릿고개'가 너무나 험난한, 배고프고 헐벗고 고생스럽고 힘든 생활이었다. 그렇게 어려운 나날이었지만 지금에 와서 돌이켜 생각해보면 그래도 그 때가 좋았다고 생각한다. 배고프고 고달픈 일상이었지만 그 속에는 가족 간의 따뜻한 사랑이 있고, 이웃 간의 훈훈한 인정이 있으며, 마을 공동체의 유대감이 면면히 흐르고 있었다.

은 여울에 별빛 내리자
장롱 속에 깊숙이 감추어 둔 흑백사진이
물 위에 동동 떠 있네

흔들리는 물결을 떠 들어보면
가슴 안팎에 수장된 다슬기 줍던 기억이
빗살무늬로 흔들리며 서성이고
파란 수평선의 그리움 따라
횃불 들고 떡메 치던 유년의 고기잡이의 추억은
되새김질 하듯 설핏설핏 생각나는데

아직도 삶에 허덕이는 영혼들은

탁한 겨울에 머물러
무던히 과거로 회귀하지 않으려고
몸부림을 치고 있구나

그리하여 마음에 파랗게 녹조가 끼어
죽어 가고 있는지도 모르는 채
응고된 오염으로 떠내려가
역사의 변방으로 녹아져 내리는구나.

계절이 계절을 밀어내고
언제나 비운 회색의 자리에는
연둣빛 그리움으로 채우며
또 삭혀야 할 터인데

그냥 아린 상처만 부둥켜안고
동안거만 하고 있으니.

–「겨울 강」 전문

화자가 어느 날 겨울밤에 얼어버린 겨울 샛강을 바라보며 어린 시절을 가슴 아프게 회상하고 있는 시다. 유년 시절의 아름다운 추억이 얼어붙은 여울 위에 흑백사진처럼 떠오른다.

동무들과 개울 바닥을 더듬으며 다슬기를 줍던 일, 밤중에 횃불을 들고 떡메를 쳐서 민물고기를 잡던 일, 여름날 개울에서 동무들과 물장구를 치며 미역을 감거나 개구리헤엄을 치던 일, 꽁꽁 얼음판 위에서 썰매를 타던 일 등이 어제 일처럼 선명하게 떠오른다. 그 속에는 친구들과의 진한 우정이 있고, 왁자지껄한 수다가 있고, 치기어린 다툼도 있었지만 지나고 보니 다이아몬드 보석처럼 찬란하게 빛나는 아름다운 정경이었다.

현재의 화자는 가장으로 가족의 생계를 책임을 다해야 하고, 직장에서의 과중한 업무에 시달리느라 잠시만이라도 유년 시절의 자질구레한 추억을 떠올릴 겨를이 전혀 없다. 쉴 사이 없이 쫓기기만 하는 화자는 자신의 삶이 과거에 무던히 회귀하지 않으려고 몸부림치고 있는 것에 다름 아니라고 생각한다. 다정하고 아름다운 삶을 향해 가고 있는 것이 아니라 현실적 욕망과 과중한 업무의 노예가 되어 아리따운 일들을 애써서 회피하고 있다고 간주한다. 현대문명의 혜택을 넉넉히 받고 물질적 풍요를 누리면서 때깔 나게 사는 것이야말로 탁한 여울에서 오염되어 있는 구질구질한 삶에 불과하다고 화자는 인식한다.

타의에 의해 쫓기면서 분주하게 살아야 하는 현실의 삶에 매몰되어 혼탁한 사회에 오염되고 물신화된 인간 조직에 함몰된 생활은 가슴에 파랗게 녹조가 끼어 참된 인간성을 질식(窒息)하게 만든다. 하루살이 나방처럼 타 죽을 줄도 모르고 오로지 밝은 빛만을 좇아 불구덩이로 마구잡이로 날아드는 가여운 신세에 불과하다.

시인은 생명이 다해가는 진실한 인간성을 되살리기 위해 세태의 차디찬 얼음장을 깨뜨리고 그 속에 면면히 흐르고 있는 유년 시절 우정의 강물을 퍼 올려 가슴에 품고자 한다. 그

것이 아린 상처를 어루만져 치유(治癒)하며 메마른 정서를 촉촉이 적셔줄 수 있을 것이라고 믿는다.

> 하루에 차가 다섯 번 밖에 다니지 않던 그 시절
> 시간 맞춘다고 미리 버스 정류장에 나가지 않으면
> 마을버스를 놓치기 일쑤였다
>
> —「그 자갈길에」 일부

울퉁불퉁하고 꼬불꼬불하며 좁아서 차 한 대가 겨우 지나다니는 시골 신작로에서 벌어지는 일을 노래한 시이다. 지금이야 수시로 대중교통 차량이 다녀 정류장에 나가면 얼마 기다리지 않아도 차를 탈 수 있지만 1960~70년대의 상황은 전혀 그렇지 않았다. 대도시는 달랐지만 시골의 경우는 하루에 겨우 다섯 번 정도밖에 다니지 않는 곳도 제법 많았다. 심지어 하루에 아침 저녁으로 두 번만 다니는 곳도 있었다.

이렇게 다니는 완행버스를 타기 위해 시간에 맞춰 나가지 않으면 으레 놓치게 되고 때로는 결행도 자주 해서 시간에 맞추어 나간다고 애써서 갔다가 차가 오지 않는 바람에 헛걸음만 하고 돌아오기도 일쑤였다. 그렇게 살아도 불편함을 호소할 길이나 부당함을 항의할 곳이 없었다. 그저 타고난 운명이려니 하고 체념하면서 현실을 별로 불만 없이 받아들이곤 했다. 현대인의 관점으로 보건대 대단히 미련하고 바보 같은 생활이었지만 그 시대는 어쩔 수 없었다.

신작로를 양조장 달구지를 끄는 말이 달려가다가 그만 발을 헛디뎌 비탈로 처 박혀 꼼짝도 하지 못하고 발버둥만 치는 경우도 심심치 않게 있었다. 말을 모는 사람 혼자 길 바닥 밑으로 처 박힌 달구지를 끌어내지 못해 헛심만 빼고 있을 때, 등교하던 아동들이 한꺼번에 달려들어 이를 구한다. 책보를 어깨에 둘러 멘 애들이 달구지를 힘껏 밀어 올려 위기에 빠진 말을 구하고 막걸리 배달을 무사히 마칠 수 있게 도와주었던 것이다.

이웃이 어려움에 빠지거나 위기에 처해있을 때 남의 일로 여겨 외면하지 않고 내 일처럼 달려들어 도와주곤 했던 것이 전통적인 인심이다. 어른들로부터 어려운 이웃을 서슴지 않고 도와주던 따뜻한 인정을 눈으로 보고 몸으로 배웠기에 아이들도 모범을 보이는 어른들을 따라 그렇게 한 것이다.

아파트 장벽에 가로막혀 이웃과 단절된 채 상부상조는 고사하고 정서적인 교감조차 나누지 못한 채 생면부지의 남남으로 살아가는 현대인에게는 전혀 납득이 되지 않는 이질적인 광경이고 동감할 수 없는 사고방식이다. 생활환경이 전산화되고 자동화되어 편리한 일상을 누리고 있지만 인근(隣近)에서 삶의 공간을 같이하는 사람들과 교류하지 못하고 자기만의 공간, 단절의 섬에 갇힌 채 혼자 살아가고 있는 형편이다. 혼술남녀, 혼밥, 고독사 등의 현상이 고립화된 이 시대의 비극적 현실을 선명하게 대변해주고 있다.

인간애를 상실하고 고독하게 살아가는 현대인에게 우리가 지난 날 생명처럼 아껴왔던 훈훈한 인정을 재생시키는 것이 대중 속에서 인간관계가 단절되어 버린 고독의 섬에서 구출

되는 유일한 길이라는 점에서 〈그 자갈길에〉의 의의는 자못 크다고 하겠다.

좁은 빈방
빛바랜 사진이 두 눈을 부릅뜬 채 걸려있고
풀이 죽어 푹 꺼진 이불 몇 채
부끄러운 속살을 드러내며
찬바람을 가리지 못해 펄럭이고 있다
–「폐가에서」 일부

우리나라가 1960년대 이후 국민들을 죽음의 위협으로 몰아세웠던 고질적인 가난을 퇴치하기 위해 근대화 정책을 추진함으로써 경제 성장의 효과로 보릿고개에서 탈출하고 물질적 풍요를 누리며 중진국의 대열에 들어섰다고 자부하였지만, 근대화의 그늘에서 부산물로 뼈아프게 나타난 것이 이농 현상이다. 국토의 개발과 산업의 발전이 도시 중심, 공업 중심으로 편중되어 펼쳐짐으로써 상대적으로 농촌이나 농업은 소외되어 버렸다. 산짐승들이 먹이가 많은 곳으로 이동하는 것처럼 농촌 사람들도 땅에 목숨을 걸고 매달리는 것보다 힘 덜 들이고 돈을 벌 수 있는 대도시나 공업 단지로 이동해 버렸다. 이른바 이농 러시가 일어난 것이다. 농자천하지대본이라는 전통적인 구호는 사라지고 농업은 푸대접을 받는 사양(斜陽) 산업으로 홀대받는 처지가 되어 버렸다.

그 결과 시골에는 주인이 버리고 간 빈 집이 폐허가 된 채 방치되게 되었다.

축 늘어진 빨랫줄엔 아직도 주인이 입다가 널어놓고 간 속옷이 미라처럼 걸려있다. 빈 방에는 가족들이 덮다가 그대로 버리고 간 이불들이 풀이 죽어 푹 꺼져버린 채 먼지만 뒤집어쓰고 비참한 몰골을 하고 있다. 곶감을 말리고 시래기를 걸어 말리던 처마 끝에는 텅 빈 채 을씨년스러운 모습만 연출하고 있다. 텃밭에는 배추 무 푸성귀들이 누렇게 뜬 채 버림받은 존재의 참상이 어떤지를 똑똑하게 보여주고 있다.

하강적 심상과 공간의 이동에 의해 시상이 전개된 이 시에는 근대화 시기 버림받은 농촌의 실상을 여과 없이 드러나고 있다. 우리는 농촌을 버리면서 단순히 삶의 공간만 내팽개친 것이 아니다. 그 곳에 남아있던 포근한 인심, 공동체적 삶의 소중함을 일어버렸다. 물질적 풍요를 얻은 대신에 인간애를 빼앗긴 정신적 빈곤을 당하게 된 것이다.

> 가난이 휩쓸고 간 자리마다
> 등골이 드러난 흙벽만 먼지 떼를 입고 서 있고
> 대충 고삐를 묶던 나무들도
> 여기저기 척추가 부러져 있다
>
> -「외양간」 일부

폐가에 같이 버려진 외양간의 황폐한 모습을 통해 이농으로 인한 쓰디쓴 참상을 노래하고 있다. 주인이 버리고 간 외양간은 관리나 보호를 전혀 받지 못한 채 비바람에 썩어가고 허물어져 가고 있다. 언제 무너질지 모르는 석가래 한쪽 귀퉁이에 있는 소구유(여물통)에 빗물이 고여 하늘만 비치고 있다.

그것을 가만히 들여다보고 있자니 오래 전에 돌아가신 할머니가 생전에 하신 말씀이 문득 들려온다. 누렁이 소를 향해 '우리 집 큰 일꾼이여'하면서 소잔등을 쓰다듬곤 하셨다. 그 말씀이 아직도 생생한데 그 소가 살던 외양간은 이렇게 버려져 중증 환자가 되어 죽을 날만 기다리고 있는 불쌍한 환자와 같은 처지가 되어 버렸다. 할아버지 대부터 아버지 대를 이어오던 집안 식구들의 애환이 담긴 외양간을, 근대화의 이행기에 사는 손자는 잃어버리고 말았다.

이농으로 버려진 것은 단순히 외양간, 시골집만이 아니다. 가축마저 가족처럼 사랑하는 알뜰한 정을 잃어버렸고 피땀 흘려 노력한 만큼 거둔다는 흙의 교훈을 잃어버렸다. 가구나 농기구가 닳거나 흠집이 나면 이를 베려 쓰거나 고쳐서 쓰는 알뜰한 살림의 정신은 사라지고 쓰다가 진력이 나면 멀쩡한데도 미련 없이 버리는 것이 일상화되었다. 옛 사람들이 지니고 있던 가구나, 농기구에 대한 애착이 물질적 풍요와 함께 사라졌다. 힘 들이지 않고 얻고 미련 없이 버리는 현대인의 생활 습관은 근대화 이전의 우리 선인들이 지켜왔던 자기들의 손때가 묻은 물건에 대한 사랑을 후손들은 잃고 있다. 일확천금을 노리는 허황된 욕망의 노예가 된 것은 포근하고 애정이 담긴 부드러운 흙을 버린 경박함 때문이 아니던가.

자연과 인간의 삶

서 원생 시인은 초목을 비롯한 자연물을 관찰하고 그 내면에 감추어져 있는 속성을 노래하면서 이를 인간의 삶과 연관시키고자 하는 작품이 많다. 즉, 계절의 변화에 따라, 환경의 변화에 따라 수목들이 보이는 삶의 양태를 그려내는 것이다. 인간이 자연의 일부라는 것을 확고하게 인식하고 인간과 동, 식물의 삶이 조응하는 양상을 시 작품을 통해 형상화하고 있다. 세속의 때가 묻지 않고 탐욕의 노예가 되지 않은, 비록 가난하더라도 순수하고 소박한 생의 세계를 형상화함으로써 우리가 소중하게 여겨야 하고 되찾아야 할 것이 무엇인지를 선명하게 보여주고 있다.

> 핏기도 없는 깡마른 체구에
> 체념한 식물 상태로
> 삶의 변두리만 맴돌다가
> 균형과 절제의 틀을 깨고 있는 감격
> 추위와 습기로 화장한 고사목으로 다시 태어나
> 하얀 서리꽃으로 환생하다
>
> -「하얀 나목」 일부

한겨울 어느 날 눈이 내려 백설을 뒤집어쓰고 있는 산 속의 나무, 즉 설화의 아름다움을 노래한 시이다. 인간의 정서보다는 자연의 미를 주로 노래한 이 시는 단순한 서정시라기보다는 화자의 주관적 감정을 차분하게 가라앉히고 자연 경관의 묘사에 주력하고 있어 서경시(敍景詩)라고도 할 수 있다.

세속적 공간에서 멀리 떨어져 궁벽한 산 속에 함박눈이 내리고 있어 건조한 정서에 머물러 있는 인간에게 잔잔한 감흥을 일으킨다.

그 누구의 주목도 받지 못한 채 무명(無名), 무용(無用)의 나무로 평생을 살다가 허무하게 생을 마감한 고목이 있다. 쥐구멍에도 볕 들 날이 있다는 속담처럼 소외의 그늘에서 생명을 잃고 헐벗은 채 싸늘하게 서 있다가 어느 날 갑자기 꽃을 활짝 피우고 아름다움을 과시할 날이 다가왔다. 가지마다 순백색(純白色)의 꽃을 활짝 피우고 일시에 보는 이의 감탄을 자아내는 쾌거(快擧)를 이루었다. 아름다운 꽃은 봄에만 핀다는 세상 사람들의 통념을 일거에 분쇄하고 불모의 계절인 혹한기에 찬연히 꽃을 피워 인간의 경박한 사고와 인식에 경종을 울린다.

인간은 연륜이 축적되고 철학적 지혜를 터득하면서 부질없는 욕망을 가슴에서 비워내고 헛된 집착에서 손을 놓으면 번뇌에서 해탈되어 진정한 삶의 법열을 느끼게 한다. 이것은 한평생을 타자들에게 주목을 받지 못한 채 초라하게 생을 마감했다가 함박눈의 세례를 받아 순백색의 찬연한 꽃을 피운 것과 대응된다.

혹독한 겨울, 추위의 절정에서 생을 욕망을 토해 버리고 속을 정결하게 비워 순수한 영혼을 회복하면 '하얀 면사포를 쓴' 신부의 아름다움을 얻는 것과 같은 처세의 보석을 얻을 수 있다는 것을 이 시는 말해준다. 인고의 의지로 각고의 난관을 극복하고 허무한 욕망을 내침으로써 생의 마지막 정화를 이루어낼 수 있다는 것이다. 결국 겨울 산의 설경의 아름다움을 통해 인생살이의 심오한 진리를 탐구한 시라고 하겠다.

멀리서 바라보면 불곰 등짝 까진 것처럼
산 능선에 일군 밭떼기 조각
돌 반, 흙 반에 드러난 땀방울 자국
변방에 쳐 놓은 그물망은 반쯤 내려와 처지고
그 안에 지친 영혼들이 던져 놓은
파란 새순이 햇살에 눈부시게 부서지고 있다

밤이면 산 아래까지 별들이 총총히 내려와
와르르 쏟아지면
비로소 저녁 한 상에 가족들이 모여 앉아
두런두런 지친 한숨 풀어내는
골이 깊은 산골마을

-「내 고향, 불잠골 연가」 일부

세속적 인간의 발이 닿지 못하는 궁벽한 산골 마을의 원시적 삶을 노래한 시이다. 높디높은 산봉우리와 깊게 파인 골짜기로 이루어져 문명의 발길이 전혀 미치지 못하는 곳, 그곳이 화자의 고향인 불잠골이란다. 햇빛도 대낮에 잠깐 비치는 듯하다가 금방 산그늘에 가려버려 햇볕의 혜택도 별로 보지 못하는 곳이다. 맹수들도 그곳의 인간들에게는 두려움의 대상이 아닌 듯, 불곰들이 가족처럼 어울리는 지극히 탈속 적이고 이질적인 세계이다.

산등성이에 완전히 전근대적인 수단으로 순전히 인력에 의해 일구어진 돌산 비탈 밭에 주민들의 정성어린 손으로 가꾸는 농작물의 새순이 자라고 있다. 현대적인 의미의 소유 관념도 없고, 주인을 가리는 의식도 희박(稀薄)하다. 그러기에 서로 자기가 많이 가지려는 욕심이 원인이 되어 다투는 일도 없다. 인간 세계에서 소외되어 외롭게 살기에 온 동네 사람들이 가족처럼 아끼고 보듬으면서 살아간다.

임자 없는 산 속에 밭을 일구고 흙벽돌을 성기게 쌓아올려 초라한 집을 짓고 가난 속에서 겨우 생존하지만 피땀 어린 근력을 바침에 따라 생활의 터전이 안정되어 모든 것을 가진 듯이 심적으로 만족하며 살아간다.

낮에는 산비탈을 기어 다니듯이 하면서 일에 매달리고 별빛이 쏟아지는 밤이 되면 가족들이 둥근 밥상을 중심으로 빙 둘러앉아서 머리를 맞대고 옹기종기 모여서 식사를 하고, 낮에 있었던 일들이랑 자기의 생각을 두런두런 풀어놓는다.

현대 도시에 사는 사람들은 가족들과 함께 식사를 하는 것이 매우 어렵다는데, 그래서 혼밥이 유행하고 혼술이 유행한다는데 시 속의 삶과는 너무나 대조적이다. 가족 관계가 이완(弛緩)되어 해체를 운운하는 시대에 화자가 그려내는 세계는 비록 문명의 혜택이나 물질적 풍요를 전혀 누리지 못해 육신의 고통은 겪을지는 몰라도 정서적 빈곤이나 고통은 별로 존재하지 않는다.

행복은 결코 외부에 있는 것이 아니라 인간 개체의 내부에

서식하고 있다는데 불잠골 사람들이야말로 진정으로 행복한 사람들이다. 도시에서 사는 사람들이 보기에는 너무나 답답하고 원시적인 생활이라 초라하다 못해 짐승과 같은 삶이라고 손가락질해도 그들 나름대로 자연이 주는 혜택에 고마움을 느끼고 자기의 생활에 만족하면서 살아가니 그게 바로 행복이 아니겠는가. 문명의 혜택을 누릴 대로 다 누리면서 유족(裕足)한 상황에 만족할 줄을 모르고 늘 불만에 찌들어서 사는 현내인이야말로 진정 불행한 사람들이라는 것을 이 시는 산골짜기 사람들의 가난한 삶을 통해 간접적으로 역설하고 있다.

> 기러기 쓸어가는 회억의 서쪽하늘을 바라보며
> 서걱대는 갈색의 허망일 듯
> 하얀 노후도 고개를 숙이네
>
> 늘 관심의 변방으로 피하여
> 그나마 명맥을 어어 온 억센 생명의 의지
> 살갗을 비벼 봐도 핏기 하나 없이 말라
> 칼바람 온몸을 조여 올 때마다
> 꺼억꺼억 울며 참아내고 있네
>
> -「억새를 보면서」 일부

살을 에는 듯한 칼바람이 몰아치는 한 겨울날 시들고 다친 채 고통을 겪으면서도 잘도 참아내고 있는 억새풀의 정경을 노래한 시이다. 산자락에서, 개울가에서 생장하고 있는 보통 사람들이 눈여겨보지 않아 관심의 변방으로 밀려나 갈대와 잘 구별도 못하는 하찮은 식물에 남다른 관찰을 경주(傾注)하여 의미를 밝히고 있다.

식물의 생장을 재촉하는 한여름에는 왕성한 생명력을 자랑하면서 강인한 자태를 뽐내고 있었으나 혹독한 추위의 세례를 받고 진초록의 생명력을 어쩔 수 없이 잃어버리고 누렇게 메마른 채로 찬바람에 꺼억꺼억 울면서 고통스러워하고 있다.

바람에 찢기고 물살에 꺾이면서 비명(悲鳴)과 신음으로 버티고 있지만 그러면서도 꼿꼿한 자세를 잃지 않는 강인함이 가상하다. 별로 험난한 고난을 만나지 않았어도 이를 배겨내지 못하고 나약하게 꺾여버리고 좌절하는 인간에 비해서는 훨씬 본받을 만하다.

인간은 한평생을 살면서 각자 나름대로 야망과 포부를 가지고 이를 실현하기 위해 모든 것을 건다는 심정으로 헌신한다. 인간의 의지와는 상관없이 현실을 비정하고 냉혹해서 개체 인간의 욕구대로 호응해 주지 않아 심신에 생채기가 나고 팔다리가 꺾이기도 한다.

그렇게 도전과 좌절로 점철(點綴)된 한 생애를 살다가 노경에 이르러 지난날을 되돌아보면 욕심의 노예가 되어 광분하듯이 질주한 삶이 다 부질없고 허무한 것이라는 것을 문득 깨닫게 된다. 여름날에 왕성한 생명력을 자랑했던 화려한 과거가 겨울날에는 누렇게 뜬 것처럼 인생도 청춘기의 화려함도 노경에 이르러서 돌이켜보면 초라하게 느껴지는 것과 같다.

억새풀도 하얀 노후에 이르러 흰머리를 숙이고 마음을 비운 채 달관의 경지에 다다르고자 하는 것처럼 인간도 화무십일홍(花無十日紅)이라는 구절과 같이 전성기도 한 순간이라는 것을 일깨워준다.

명절 대목, 문창시장에선
눈을 뜨고 죽은 가자미가 좌판에 누운 것처럼
절인 아낙들의 수다들이 퍼져있다

어제까지 좌판에서 꾸벅꾸벅 졸던 건어물 아저씨도
보름달만큼 벌어진 입을 귀에 매달고
빈 봉지에다 아귀까지 차도록
한가위를 퍼 담느라 분주하다

-「문창시장에선」 일부

추석 명절을 앞둔 전통 시장의 흥청스러운 정경을 노래한 시이다. 평상시엔 물건을 구입하려는 고객들이 백화점을 비롯한 대형 매장으로 집중적으로 몰려들어 재래시장에서는 생존의 위협을 받을 지경에 이르렀지만 명절 대목에 이르러서는 물건을 사려는 사람들로 북적거려 오래 간만에 살 맛 나는 호경기를 누리고 있다.

좌판을 벌여놓고 가자미 등 어물을 파는 아낙네들이 요란스럽게 수다를 떨고 있다. 그것은 물건이 잘 팔려 살맛을 온몸으로 느끼는 흥겨움의 소리이다. 어제까지도 물건을 찾는

손님이 없어 좌판에서 꾸벅꾸벅 졸기만 했던 건어물 아저씨도 연신 밀려드는 손님의 행렬에 입이 떡 벌어진 채로 한가위의 호경기(好景氣)를 긁어 담느라 분주하다. 이 재래시장 사람들이야말로 '한가위 같기만 해라'하고 부르짖을 것이다.

풍성하고 넉넉한 시장의 흥청거리는 정경 묘사를 통해 훈훈한 인정을 만끽하며 보름달 같이 밝디밝은 삶을 형상화하고 있다. 이 작품에서 화자가 구상화하고자 하는 것은 물질적으로 넉넉한 삶이 아니라 따뜻한 인정이 넘치는 훈훈한 세계이다. 사람들끼리 격의 없이 어울리고 부대끼며 미운 정 고운 정을 쌓아가는 인간애 넘치는 생활이다.

나오면서

한 때는 순수시에 대해 편견을 가지고 폄하한 시기가 있었다. 불의한 권력에 결연히 저항하지 못하고 시대 현실에 눈을 감거나 침묵을 지키는 비겁한 시에 불과한 것으로 치부하곤 했다. 현실도피라고 매도했고, 독재 권력의 비호를 받는 부류라고 비난하기도 했다.

현실참여 문학만이 진정한 민족문학이고, 저항문학만이 시대정신을 반영한 문학이라고 일방적인 칭송을 받았다. 독재 권력이 국민의 기본권을 강탈하고 언론에 재갈을 물려 비판을 봉쇄하고 저항하는 행위에 족쇄(足鎖)를 채우는 시기에는 현실참여 문학이 용기 있는 문학이었고, 저항문학이 지성인의 문학이었다. 일제 강점기에는 일제의 횡포를 고발하고 저항하는 문학만이 우리 문학이 갈 길이라고 인정할 수 있다. 해방 후 독재 권력이 횡포를 부리는 시기에는 독재 정치에 저항하고 민중의 자유권이 어떻게 유린당하고 있는 지를 생생하게 고발하는 문학이 진정으로 가치 있는 문학이라고 강변해도 당연하다.

정치적 민주화가 이루어지고 국민의 기본권을 되찾게 되면서 이를 대신하여 끝없는 물질적 욕망과 전자기계를 비롯한 첨단 과학기술의 산물이 인간의 생활을 지배하면서, 인간은 기계의 노예가 되거나 정체성을 잃어버린 존재로 타락해가고 있다. 물신화되어 정체성을 잃어버린 현실 상황에서 경직된 논리로 단순한 저항이나 비판만으로는 잃어버린 정체성을 회복할 수는 없다.

인간의 본질을 상실하기 이전, 전통 시대의 자연 삶을 형상화함으로써 우리가 진정으로 잃어버린 것은 무엇이고 되찾아야 할 것은 무엇인지를 분명하게 인식하고 각성할 필요가 있다. 서원생 시인이 추구하는 과거 자연 속의 삶, 자연과 조화를 이루는 삶의 세계는 고운 심성의 변질과 정신적 빈곤에 허덕이는 현대인에게 진정한 각성제와 같은 역할을 할 것임에 틀림없다고 믿는다. 즉 잃어버린 한국인의 정서를 살리고 근대화 과정에서 내버린 순수성을 회복하며, 냉각되어버린 이웃 간의 훈훈한 인정을 되살리는 길을 제시하고 있다는 점에서 의의가 참으로 크다고 할 것이다. 그가 천착하는 사고과정과 창작의 도정(道程)이야말로 물질적 욕망에 왜곡되지 않고 기계문명의 만연으로 사물화(事物化)된 인간의 정서를 회복시켜 순수한 사랑을 알고, 이웃 간의 정을 느끼며 훈훈한 인정을 되살리는 길이야말로 전통적인 정체성을 상실하고 헤매는 한국인의 위상을 정립하는 데 일조(一助)하는 값진 행위라고 판단된다.

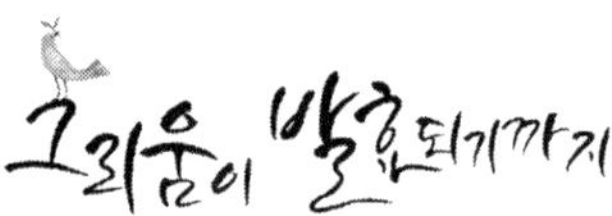

서원생 시집

발 행 일 | 2018년 1월 2일
지 은 이 | 서원생
발 행 인 | 李憲錫
발 행 처 | 오늘의문학사
출판등록 | 제55호(1993년 6월 23일)
주 소 | 대전광역시 동구 대전로867번길 52(한밭오피스텔 401호)
전화번호 | (042)624-2980
팩시밀리 | (042)628-2983
전자우편 | hs2980@hanmail.net
카 페 | cafe.daum.net/gljang(문학사랑 글짱들)
cafe.daum.net/art-i-ma(아트매거진)

공 급 처 | 한국출판협동조합
주문전화 | (070)7119-1752
팩시밀리 | (031)944-8234~6

ISBN 978-89-5669-877-9
값 9,000원

* 이 책은 교보문고에서 E-Book(전자책)으로 제작 · 판매합니다.
* 잘못 제작된 책은 바꾸어 드립니다.